中庸

중도의 길
성인의 길

경산 장응철 역해

中庸

중도의 길
성인의 길

경산 장응철 역해

초판 인쇄 원기 94년(2009) 12월 19일
초판 발행 원기 94년(2009) 12월 22일
저자 장응철 / **펴낸곳** 도서출판 동남풍 / **펴낸이** 김영식
등록번호 제 66호(1991. 5. 18)
전북 익산시 신용동 344-2 063)854-0784
ISBN 978-89-6288-003-8

중도의 길 성인의 길

中庸

경산 장응철 역해

| 머리말 |

나는 공자님을 사모하는 마음에 공자님이 제자들과 더불어 활동하던 중국 산동의 곡부를 몇 차례 여행하였다. 갈 때마다 〈논어〉나 〈중용〉 등을 읽으며 음미하기도 하고 담론하기도 하였다. 집에 돌아와서도 거듭거듭 숙독과 음미, 담론, 실천해온 지 수십 년이 되었다.

〈논어〉에는 대성자인 공자의 일상생활이 여과없이 기록되어 있다. 제자와의 대화, 가르침, 정치적인 견해와 탄식, 인생에 대한 견해와 태도, 자신의 내면적인 심정 등이 잘 수집되고 표현되어 있다. 아마 논어가 결집될 때는 공자님의 사상이 체계적이거나 어떤 표준에 의하여 의도적으로 기록되지는 않았던 것 같다. 그래서 꾸며지지 않은 그대로, 가공하지 않은 보석처럼 순수한 성자의 일상생활이 느껴진다.

반면에 〈중용〉은 공자님의 사상을 종횡으로 연마하여 기록한 듯하다. 혹 〈논어〉에 기록되지 않은 다른 구전된 말씀이나 발견하지 못한 기록 등을 수집하여 제작되지 않았을까 하는 추측을 해본다.

〈중용〉은 나의 인격을 향상시켜 가는데 커다란 등불이 됨을 간절히 느껴 독서라기보다는 인격탁마의 교과서를 대하는 심정으로 구절마다 직역을 하고 또 그때마다 생각나는 해설을 적어 보았다. 이런 과정은 나의 정신을 성장시키는데 큰 힘이 되고 거름이 된 셈이다.

성현의 말씀에 성자가 나기 전에는 도가 천지에 있고, 성자가 나시면 도가 성자에 있으며, 성자가 가신 후에는 도가 경전에 있다고 하였다.

〈중용〉은 성자가 밝힌 도의 혼이 배어 있는 조각품과 같은 것이다. 자고이래 수많은 성인 현인이 이 〈중용〉에 의하여 배태되었을 것이다.

그런데 요즈음 〈중용〉을 해설한 책이 수없이 많이 있으나 '중용의 도'를 실천하는 인물은 누구인지 알 수가 없다. 아마도 내 눈이 밝지 못한 탓일 것이다. 중용의 도리(道理)를 해설하는 것도 중요한 일이지만 도리(道理)를 실천하는 정성스런 구도자, 적공을 하는 수도자, 그리고 통달한 달도자가 그립다.

그러나 일상생활이 중용 그 자체가 된 달도자적인 인물을 찾기만 할 것이 아니라 스스로 성자로 만들어 가는 것이 참으로 중요한 일이다.

〈중용〉에서는 공자의 도[仁]가 실천되어 보여준 인격과 생활 그리고 효와 정치, 도를 이루기까지의 성(誠)에 대한 말씀이 너무 간절하다. 또한 그 성(誠)으로 인하여 성인의 인격으로 변모한 모습이 매우 구체적으로 적시되어서 구도자의 목적지가 뚜렷해지고 공부를 촉진시키는 촉진제가 되며 또한 성인을 판가름하는 척도가 되기도 한다.

따라서 수도에 매진하고 있는 우리 법동지들의 공부에 다소 도움이 되지 않을까 하는 간절한 염원이 있어서 책으로 펴보았다. 막상 인쇄를 하려고 생각하니 잘 연습되지 않은 노래를 부르는 듯한 느낌이 없지 않다. 혹 부족한 점이 있다면 언제나 충고를 기다린다. 그리하여 다음에 수정본을 낼 때는 더욱 완성도 높은 책이 되어 사바세계를 낙토로 만드는 제생의세의 교화에 큰 이정표가 되기를 염원한다.

끝으로 내가 중용에 대한 조그마한 견해를 갖도록 큰 가르침을 주신 소태산 대종사(小太山 大宗師)님께 한없는 감사와 존경을 바치며 시방세계(十方世界)가 선도량(禪道場)이 되고 불은화(佛恩化) 되기를 축원한다.

을축년 여름(乙丑年 夏節) 경우선실(耕牛禪室)
경산(耕山) 장응철(張應哲) 합장

차 례

머리말	5
제1장 하늘과 같은 우리의 본성	11
제2장 군자(君子)의 중용(中庸)	21
제3장 중용과 도덕(道德)의 완성	24
제4장 중용이 실천되지 못한 까닭	26
제5장 공자의 탄식	29
제6장 순임금의 중용	31
제7장 일반인들의 어리석음	34
제8장 안회의 중용	37
제9장 중용 실천의 어려움	39
제10장 참으로 강한 것이 중용	41
제11장 군자의 표준	46
제12장 군자가 실천해야 할 크고 넓은 도리	49
제13장 도덕은 사람다움을 가르친다	55
제14장 군자의 삶의 태도	63
제15장 도는 가까운 곳에서 실천해야 한다	70
제16장 천도의 위대함	73

제17장 순임금은 큰 효자	77
제18장 문왕의 큰 덕스러움	84
제19장 무왕과 주공의 효도	88
제20장 국가를 통치함에 대하여	94
제21장 정성스러우면 밝아진다	121
제22장 지극한 정성이라야 천도에 합일한다	124
제23장 정성은 한 분야를 완성한다	127
제24장 지극한 정성은 귀신과 같다	130
제25장 정성은 만사를 이루는 시작과 끝이다	133
제26장 정성은 쉼이 없다	137
제27장 위대하도다 성인의 능력이여!	146
제28장 그 사람이 아니면 그 일을 할 수 없다	154
제29장 성인(聖人)의 자격요건	161
제30장 공자는 요·순의 법을 이었다	168
제31장 성자의 크신 공덕	174
제32장 성인의 큰 덕스러움	179
제33장 성인의 덕스러움은 하늘과 합한다	182

제1장 하늘과 같은 우리의 본성

1) 하늘로부터 부여받은 본래 마음을 사람의 본성이라고 하며,
   본성을 가치 있게 실현하는 것을 도덕이라고 하고,
   도덕을 실행하여 본 보이는 것을 교화(敎化)라고 한다.

원문

天命之謂性이오 率性之謂道요 修道之謂敎니라.

해설

허령불매(虛靈不昧)한 천리(天理)를 하늘이라고 하는데
천리는 천지만물을 모두 함유하고 있다.

이 천리에는 만물을 변화시키는 일만 가지 이치가 있으며
생성화육시키는 조화와 은혜가 무진무궁하게 있다.
이 천리와 같은 사람의 본래 마음, 즉 천심을 본성이라고 한다.

모든 사람에게 같이 있는 천명, 즉 천심(天心)이란
희로애락의 감정과 생각이 나타나기 전의 마음이다.

이 천심을 불가(佛家)에서는
진공묘유(眞空妙有)한 마음이라고 한다.
공부인은 각자에게 같이 있는
허령불매한 참 마음을
온갖 정성을 다하여 깨달아야 한다.

천명을 깨닫지 못한 사람은 솔성을 잘 할 수 없다.
초기에는 성자들의 교법을 따라서 실천하여
천리를 점점 터득하여서
결국에는 천리를 통달하여야 한다.
자기에게 있는 천리인 본래 마음을 깨달아 수신하는데 사용하고,
사람을 접응할 때도 사용하고,
국가 사회를 경영할 때 사용하는 것을 솔성이라고 한다.

이 성자의 솔성을 받들어 규범화한 것을
종교의 교법, 교리라고 하는데
그 교법이 제자들에게 전해지고 또한 사회에 통용되면
그것이 그 사회를 지탱하는 윤리도덕이 되는 것이다.

공자께서 천리를 알아서

그것을 실천하고 말씀한 바를 기록한 논어 등이 있고

그 말씀들을 체계화하여 유교의 가르침으로 정리한

인의예지(仁義禮智)와 삼강령(三綱領) 팔조목(八條目) 등이 있다.

석가모니 부처님의 교법, 예수교의 가르침, 원불교의 교법 등이

도덕의 원천이라고 할 수 있다.

이렇게 성자의 가르침이 사회화하여

사회적 규범화한 것을 도덕이라고 할 수 있다.

깨달은 사람의 솔성에 따라서 교법이 약간씩 차이가 있고,

그 시대의 요청에 따라서,

동양문화와 서양문화 또는 과거 미래의 관습에 따라서

차이가 있다.

그러나 그 원리는 같은 것이다.

천리(天理)를 깨달아

자신과 인간사회의 행동양식으로 규범화한 도덕을

자기가 모범을 보이고

제자들에게 가르치고,

제자들은 일반사회인에게 가르쳐 실천하도록 하는 것을

교화라고 한다.

유교의 선비들이 공자의 도덕을 가르쳐서

중국사회가 그 가치기준에 근거하여 선악시비를 논하고,

석가모니 부처님도 역시 그의 가르침에 따라서

불교적 가치관을 사회화하였으며,

예수의 가르침은 서구사회를 지배하는

기독교적 행동양식으로 자리 잡았다.

그러나 시대가 변하여 과거 규범화된 교법 또는 도덕이

민중들로부터 멀어지거나 사회에 수용이 되지 않을 때

사회가 혼란에 빠져 말세현상이 생긴다.

오늘의 현실은 새로운 시대에 알맞은 미래형 교법이 요구되는 때이다.

2) 도덕이라는 것은

사람의 생활에 잠깐이라도 떠나서는 안 되는 것이니

만일 방심(放心)하여 놓아버리면

군자답지 못하게 될 것이다.

이런 고로 군자는 남이 보고 듣지 않는 곳에서도

도덕의 표준을 잃어버릴까 조심하고 두려워해야 한다.

원문

道也者는 不可須臾離也니 可離면 非道也라.

是故로 君子는 戒愼乎其所不睹하며 恐懼乎其所不聞이니라.

해설

도덕이라는 성자의 가르침을 굳게 믿고

언제나 마음에 그 뜻을 새기고

그것을 받들어 실천하려는 노력을 해야 한다.

그래서 모든 성자들의 가르침을

제자들이 외우게 하고 말하게 하고

깨닫게 하며 실천하도록

온갖 정성을 들이는 것이

후래 제자들의 주된 일이다.

만일에 가르침을 잊어버리거나,

실천을 게을리하거나,

가르침을 위반하면

천리(天理)를 저버린 것이요,

성인을 저버린 것이며,

자기 자신을 속이는 것이 된다.

그래서 이 실천을 효과적으로 하기 위하여

노력에 노력을 더해야 한다.

그런데 제자들이나 일반인들은

교법의 가치에 대하여 믿음이 부족하거나

알지 못하거나 말로만 하거나 글로만 쓰고

실천하지 못함이 큰 유감이다.

군자는 도덕에 뜻을 두고 실천하려는 공부인이다.
군자는 도덕을 실천하기 위하여
남이 보지 않고 듣지 않는 곳에 있어도
언제나 본성을 지키며,
또한 한 생각이 발할 때 사욕(私慾)이 발동하여
도덕적인 덕목을 놓아 버릴까를 염두에 두고
실천에 매진하여야 한다.

3) 숨은 것보다 더 나타나는 것이 없고
미약한 것보다 더 드러나는 것이 없나니
군자는 홀로 있을 때의 몸과 마음가짐을
항상 살피고 조심하여야 한다.

원문

莫見乎隱이며 莫顯乎微니 故로 君子는 愼其獨也니라.

해설

천리의 음양상승하는 법칙에 따라서
봄과 여름은 나타나고, 가을과 겨울은 숨는 것처럼

모든 만물과 인간생활에 있어서

드러난 것은 점차 감추어지고

감추어진 것은 점차 나타나는 것이다.

그러므로 수도인은 남이 보지 않는 곳에서나

남이 알아주지 않아 숨어 사는 처지에 있어도

언제나 도덕을 실천하여

드러날 때 바르고 가치 있게 드러나고

성스런 것이 드러나도록 정성을 들여야 한다.

천지만물이 성장하는 것은

처음엔 작고 미미하여 보잘 것이 없지만

그것이 자라서 크게 되고

크게 된 것은 반드시 쇠퇴하여지는

음양상승의 이치에 의하여 지배되는 것이니

비록 선악간 미미한 시작이라고 하여

소홀히 여기지 말고

악한 싹은 반드시 용단있게 지워버리고

선한 싹은 작지만 정성스럽게 키워서

성장하도록 하여야 한다.

4) 기쁨, 노여움, 슬픔, 즐거움 등의 갖가지 마음이
아직 발현되지 않은 본성의 상태를
중(中), 즉 천심(天心)이라고 하고,
때와 곳에 알맞게 마음을 내서 행동하는 것을 화(和)라고 한다.
본성(本性)인 중(中)이 천하의 근본 원리요,
덕화(德化)인 화(和)가 천하 도덕의 극치이다.

중화(中和)의 대도덕을 완전하게 실천한다면
그는 천지와 세상의 질서를 바로 잡을 수 있고
모든 생령들을 구원하는
대성자라고 할 수 있을 것이다.

원문

喜怒哀樂之未發을 謂之中이오 發而皆中節을 謂之和니
中也者는 天下之大本也요 和也者는 天下之達道也니라.
致中和면 天地가 位焉하며 萬物이 育焉하니라.

해설

일체 선악의 분별식심(分別識心)이 발현되지 않은
허령불매한 천심을 중(中)이라고 한다.
사욕과 인심이 발생하기 이전의

고요하되 영명한 마음의 상태를 중(中)이라고 하였다.

앞에서 하늘로부터 부여받은 본래 마음을 본성이라고 하였는데
그 본성을 마음작용에 대입시켜서 구체적으로 설명하였다.

본성 마음이 순역경계를 당하여
그 때와 그 장소에 알맞게 발현하여
상대도 나도 이롭게 행동하는 것이 화(和)다.
즉 최고의 덕화(德化)라고 말한 것이다.
여기서 화(和)란 반드시 인심과 사욕이 발생하기 전의
중(中)의 상태에서 발현되어야 하며
발현되는 과정에서도 중(中)의 본성을 잃지 말아야 하며,
발현된 각자의 마음이
우주의 원리와 사회적인 질서에 합당한 것이라야 한다.
앞에서 말한 본성을 잘 사용(率性)하여
나와 너, 사회와 국가를 이롭게 하는
도덕적 활동을 말한 것이다.

본성인 중(中)은 만물에 다 품부(稟賦) 되어 있는
보편적 원리이다.
공부인이 반드시 알아야 할 자기 본성이며

모든 마음이 발생하기 전의 체성 마음인 것이다.

이것은 마치 수학에서 영(0)을 알아서 활용하는 것과도 같다.

셈을 할 때에 일, 이, 삼, 사(1,2,3,4)만 알고 사용하면

아홉을 넘지 못하지만

영을 알아서 사용하면

한량없이 숫자를 활용하는 것과도 같다.

가장 성스런 덕화이며

천하가 본받아야 할 규범이 되는 화(和)는

도덕의 극치라고 할 수 있다.

성자들의 대자대비심이다.

한 분의 성자가 출현하여

중화의 대 도덕을 천명(闡明)하여 세상을 구원하면

천지기운이 바로 잡히고 세상의 질서가 바로 잡힐 것이다.

이 절의 말씀들이

앞 절의 성품과 솔성과 교화에 대한 구체적인 설명이다.

제2장 군자(君子)의 중용(中庸)

1) 공자님이 말씀하셨다.

　　군자는 중화(中和)인 중용(中庸)을 실천하고

　　소인은 중용을 어기나니라.

　　군자가 중용을 실천한다 함은

　　군자로서 그 때에 알맞은 도리를 실천하는 것이요,

　　소인이 중용에 어긋난다 함은

　　소인이 조심성 없이 아무렇게나 행동하는 것이니라.

원문

仲尼曰 君子는 中庸이요 小人은 反中庸이니라.

君子之中庸也는 君子而時中이요

小人之中庸也는 小人而無忌憚也니라.

해설

여기서 중(中)이란 아무 생각도 발현되지 않은 본성 그대로이며,

또한 사욕에 물들지 않은 마음이다.

본성의 마음을 잘 수련하여

언제 어느 곳에서도 본래 마음을 잃지 않는 사람이

성자이며, 군자가 힘써 행할 바이다.

수도인이 일 없을 때에 본성에 머물러 있다가

어떠한 일이 생겼을 때에

마음을 인·의·예·지에 맞게 사용하면

궁극의 가치인 중화를 실현할 수 있고

그것이 보편적인 모습인 상도(常道)라는 입장에서 볼 때는

중용이라고 할 수 있다.

중용은 중화의 가치를 드러내는 상도라고 생각된다.

중(中)은 체성이며

용(庸)은 체성이 알맞게 발현하여

보편적 규범이 되도록 작용하는 것을 말한다.

본성인 중의 이치를 모르거나

알았다고 하여도 수양을 쌓아서 그 천심을

평소에 지킬 수가 없다면 중이라고 할 수 없다.

천명을 이해하였다고 하여도

그것을 자기화하지 않으면

일을 당하여 물욕에 어두워질 수 있기 때문이다.

잘 수양하여 천심을 지킬 수 있다고 하여도

그 곳 그때에 알맞게 마음을 발현하는 공부를 하지 못하면,

천진스러워서 사욕에 물들지는 않았다고 하여도

알맞은 행동을 하지 못하기 때문에 지극한 덕이 될 수 없다.

마치 금을 많이 가지고 있다고 하여도

용처에 알맞게 사용하여야만

그 금을 잘 활용한 것이기 때문이다.

제3장 중용과 도덕의 완성

1) 공자님이 말씀하셨다.

    중용은 도덕의 완성인지라

    능히 지속할 수 있는 사람이

    드문지가 오래 되었느니라.

원문

子曰 中庸은 其至矣乎인저 民鮮能久矣니라.

해설

공자님이 계셨던 시대는 난세(亂世)였다.

그러므로 도덕적으로 혼미하였고

또 중용을 실천하는 것은 참으로 고원하여 어렵기 때문에

군자도 중용을 지속해서 실천하는 이가 드물었고

보통 백성은 더 말할 나위 없었을 것이다.

당시 사회에 대한 공자님의 총체적 진단이라고 할 수 있는데,
도덕을 실천하고 유지하던 요(堯), 순(舜), 우(禹), 탕(湯) 등의
성군(聖君)시대가 지나
점점 도덕이 희미하여졌으므로
새로운 가르침이 절실히 필요함을 통절히 느끼고
그 가르침으로 사회구원을 시작하였다고 볼 수 있다.

만일 공자께서 그 당시
도덕적 위기감을 느끼지 않았다면
공자님은 새로운 유교운동을 전개하지 않고
초야에서 홀로 중화(中和)를 실천하다가 가셨을 것이다.

제4장 중용이 실천되지 못한 까닭

1) 공자님이 말씀하시기를

　　도덕이 실행되지 못함을 내가 잘 안다.

　　도덕을 좀 안다고 하는 사람은 아는 것에 치우치고,

　　모르는 사람은 아예 미치지 못하기 때문이다.

　　도덕이 세상에 드러나지 못하는 것을 내가 잘 안다.

　　실천을 좀 하는 사람은 지나쳐서 세상을 용납하지 못하고

　　실천을 하지 못하는 사람은 아예 따라가지 못하기 때문이다.

　　사람들이 음식을 먹지 않는 이가 없으나

　　그 참 맛을 아는 사람이 드문 것과 같도다.

원문

子曰 道之不行也를 我知之矣로다.

知者는 過之하고 愚者는 不及也니라.

道之不明也를 我知之矣로다.

賢者는 過之하고 不肖者는 不及也니라.

人莫不飮食也언마는 鮮能知味也니라.

해설

공자님의 사회 진단이 좀 더 구체적으로 표현된 것이다.

천리를 좀 안다는 사람은 너무 고원한 이론만 늘어 놓아서

민중이 오히려 따라하기 어렵게 만들고,

도덕을 독실히 실천한다고 자처하는 사람은

민중과 함께 일상생활에서 실행할 수 있는 것이 아니라

초세간적으로 홀로 즐기기 때문에

백성들에게 우리는 못할 것이라는 자포자기의 상태를

유발한 점을 지적한 것이다.

본래 인간들 마음속에 있는 본심대로 산다는 것이

결코 어려운 것이 아니요

또한 이웃과 정을 나누고 살아가는 것도

결코 어려운 일이 아닌 것이다.

그것이 실천되지 못하는 것은

하려고 하지 않아서 못 미치는 것이요

또 다른 부류는 명리욕 때문에 지나친 점을 지적한 말씀이다.

모든 사람이 음식을 먹으니

조금만 노력하면 그 맛을 알 수 있듯이

도덕도 '하려는 마음으로 정성만 들이면 될 것'을 하며

탄식하신 말씀이다.

제5장 공자의 탄식

1) 공자님 말씀하시기를

   아아! 도덕이 실행되지 못하는구나.

원문

子曰 道其不行矣夫인저.

해설

법구폐생(法久弊生)이라는 말이 있다.
성자가 내놓은 교법, 도덕이 오래되면
의례화되고 형식화되어서
백성들의 인격양성과 사회생활에
도리어 폐단이 되는 경우가 생긴다.

지금도 종교의 교리를 고정된 틀로 여겨서

그 교법으로 인하여 전쟁을 하고

인간의 순수한 본성을 어지럽게 하는

소위 원리주의자가 많이 있다.

공자님 당시에도 요, 순, 우, 탕 등 성현들이 밝혀놓은 교법이

민중과 사회로부터 버림받고 있기 때문에

그것을 개탄하신 말씀이다.

공자님의 이러한 도덕이 행해지지 못함을 안타까워하신 것이

새로운 유교운동을 일으킨 원인이라고 할 수 있다.

제6장 순임금의 중용

1) 공자님이 말씀하셨다.

　　순임금님은 크게 지혜로운 분이셨구나.

　　순임금님은 묻기를 좋아하셨고,

　　사소한 말도 자세히 살피셨으며,

　　다른 사람의 허물은 숨기고 착한 일은 잘 드러냈으며

　　양 극단을 잡고서

　　백성들에게는 그들의 생활에 알맞게 베푸셨다.

　　이렇기 때문에 순임금이 되셨도다.

원문

子曰 舜은 其大知也與신저

舜이 好問而好察邇言하시대

隱惡而揚善하시며.

執其兩端하사 用其中於民하시니 其斯以爲舜乎신저

해설

지금까지 중화의 원리나 가르침

또는 중용의 심법에 대해 설명하였는데

그 중용의 가르침을 잘 실천하고 있었던

순임금의 예를 들어 실제를 보여주고 있다

도덕군자들은 밖으로 남을 가르치는 데만 열중하여

자신에게는 깨달은 바의 실천성을 살피지 못하기 쉽다.

하지만 순임금은

묻기를 좋아함으로써

자기와 남의 아는 것을 대조하여

현실성이 있는 지혜로 완성시켰으며

하잘 것 없는 말에도 그 속내를 살핀 점,

남의 아픈 상처를 감춰주고

그 잘 한 점을 들추어서 더욱 잘 하도록 권장하는 지혜가 있었다.

또한 이상과 현실, 선과 악, 다스려짐과 문란함 등의

양쪽 입장을 고려하여서 때에 알맞게 판단하여

국가를 다스렸다.

공자는 이를

지혜로운 순임금,

존경받는 순임금다운 점이라고 밝혔다.

공자님이 순임금을 퍽이나 존경하여 밝히신 말씀이다.

참으로 그 지경에 이른 분이라야

그 사람을 알아 볼 수 있다는 점을 실감하게 한다.

제7장 일반인들의 어리석음

1) 공자님 말씀하시기를

　　사람들은 다들 나는 안다고 말하나

　　그물과 덫이나 함정에 몰아넣으면 그것을 피할 줄 모르고,

　　사람들은 다들 나는 지혜롭다고 말하나

　　중용을 택하여 한 달도 제대로 지키지 못하나니라.

원문

子曰 人皆曰予知로되

驅而納諸罟擭陷穽之中而莫之知辟也요

人皆曰予知로되 擇乎中庸而不能期月守也니라.

해설

세상 사람들은 스스로 총명하다고 자처하고

또는 그렇게 밝은 말을 한다.

그러나 자기 자신이

어려운 일을 직접 당하여 처신하는 것을 보면

명예의 덫에 걸려서

아니가야 할 곳으로 들어가서 곤욕을 치루고,

권리에 눈이 어두워 함정에 빠져 허우적거리면서

슬기롭지 못한 경우를 흔히 본다.

남의 잘못에는 밝고 자기 자신에게는 어두우니

참으로 밝다고 할 수 없다.

자기 자신은 도덕의 달인이라 자처하는 경우가 더러 있으나,

남이 알아주지 않고,

또는 물러나서 일이 없는 처지에 놓이면

얼마가시 않아서 하늘을 원망하고 사람을 원망하며,

마음이 요란하고, 어리석어져서 천심을 지키지 못하고,

자기 처지에 감사할 줄 모르는

비중용인(非中庸人)이 되고 만다.

사람의 성격에 따라서 처지에 편안한 사람은 있으나

천명(天命), 즉 천심을 지키지 못하고,

혹은 선량하고 유순하기는 하나

세상의 변화에 적응하여 나아가고 물러나는 때를 알지 못하여

한갓 착한 사람에 머물고 마나니

어찌 시중(時中)을 안다고 할 수 있을 것인가.

제8장 안회(顔回)의 중용

1) 공자님이 말씀하시기를

　안연(顔淵)의 사람됨은

　중용을 가려 실천하였으며

　한 가지 도리를 들어도

　가슴속 깊이 간직하여 실천하기에 정성을 다하였다.

원문

子曰 回之爲人也가 擇乎中庸하여

得一善 則拳拳服膺而弗失之矣니라.

해설

공자님은 제자 가운데 안연(顔淵)을 퍽이나 아끼셨다.

공자께서는 「나는 그가 전진하는 것을 보았을 뿐

중지하는 것을 보지 못하였다」고 하셨고

「노여움을 남에게 옮기지 않고,

과오를 두 번 다시 범하지 않았으며

3개월간 인(仁)을 어기지 않았다」며

그를 높이 평가하셨다.

그러나 너무 일찍 세상을 떠나

공자님을 슬프게 하기도 하였다.

중용을 선택하였다 함은

천심인 인(仁)을 깨달아서 지킬 줄 알고

자기 자신에게 알맞은 공부 표준이나

그 때 그 곳에 적중한 중화의 도를

실천할 줄 알았다는 뜻이다.

공자님의 사소한 말씀까지도 가슴속 깊이 음미하고,

그 뜻을 알아서 실천하는

군자다운 심법과 태도를 칭찬하신 것이다.

제9장 중용 실천의 어려움

1) 공자님이 말씀하셨다.

　　국가와 민족을 능히 고르게 다스려갈 수도 있고

　　명예와 재물을 청빈으로 사양할 수도 있고

　　서슬이 푸른 칼날을 밟을 수 있는 용기도 있을 수 있다.

　　그러나 현실 속에서 알맞은 중용의 도덕을 펴나가기란

　　참으로 어려운 일이다.

원문

子曰 天下國家도 可均也며 爵祿도 可辭也며
白刃도 可蹈也로되 中庸은 不可能也니라.

해설

밖으로 국가경영도 혹 잘 할 수 있고

명예와 권리도 한때의 의기로 사양할 수도 있고

한때의 용력으로 죽음을 불사할 수도 있으나

천리를 깨달아서 안으로 천심을 지키고

국가사회를 위하여 자기 처지에 맞는 봉사의 표준을 가지고

끊임없이 전진하는 성자가 되는 것은

참으로 어려운 일임을 들어서 설명하셨다.

앞에서 열거한 국가경영, 사양심, 용맹심도

보통사람으로서는 참으로 어려운 일이다.

국가를 잘 경영하는 것이 얼마나 어려운가?

명예와 권리를 마다하는 것은 죽기보다도 어렵다.

그리고 죽음의 땅에 이르되

생명을 불고하는 의로운 용맹은

누구나 할 수 있는 일이 아니다.

역사상 이런 일들을 해낸 인물들이 더러 있으나

그분들은 세상에 이름 있는 명류 명사(名類 名士)는 될지언정

천리를 보아다가 사회 국가를 다스려가는 성류(聖類)는 아니다.

보통사람보다 명류가 어렵고

명류보다는 성류가 훨씬 어렵고

가치있음을 설명하신 것이다.

제10장 참으로 강한 것이 중용

1) 자로가 굳셈에 대하여 물으니

　공자님이 말씀하시기를

　남쪽 사람들의 굳셈을 묻는 것이냐,

　북쪽 사람들의 굳셈을 묻는 것이냐,

　아니면 너의 굳셈을 묻는 것이냐

　너그럽고 부드러움으로 가르치고

　무도(無道)한 짓에도 결코 보복하지 않는 것은

　남쪽 사람들의 굳셈이니 군자의 할 바요.

　무기와 갑옷을 깔고 죽음도 싫어하지 않는 것은

　북방의 굳셈이니 강한 자가 처신할 바이다.

그러므로 군자는

세상과 두루 화합하되

시류에 흐르지 않나니 굳세고 꿋꿋함이여

중도를 세워 흔들리지 않나니 굳세고 꿋꿋함이여.

잘 다스려져 영화가 오더라도

옛적 궁색했을 때의 그 마음을 저버리지 않으니

굳세고 꿋꿋함이여.

국가가 혼란스러워 설사 죽음에 이르더라도

지조가 변함이 없으니 굳세고 꿋꿋하도다.

원문

子路問强한대,

子曰 南方之强與아 北方之强與아 抑而强與아 寬柔以敎오 不報無道는 南方之强也니 君子居之니라.

袵金革하야 死而不厭은 北方之强也니 而强者居之니라.

故로 君子는 和而不流하나니 强哉矯여

中立而不倚하니 强哉矯여

國有道에 不變塞焉이니 强哉矯여

國無道에 至死不變하니 强哉矯여.

해설

공자님 제자 가운데 자로(子路)라는 제자는
용기와 결단력은 뛰어났으나 사려 깊지는 못하였던 듯하다.
그래서 본인의 용감성에 대해
자랑 삼아 질문한 것으로 보인다.

이 장 역시 중용을 실천하는 인물이
진정으로 영원한 강자임을 잘 보여준 문답이다.
무인의 북쪽과 군자의 남쪽이라는 형식적인 대비는 옳지 않고
온화함을 주로 하는 남방과 강인함을 주로 하는 북방에 대한
상징적 의미로 생각하는 것이 옳다고 본다.
왜냐하면 북방에도 군자가 나올 수 있고
남방에노 무인이 얼마든지 출세할 수 있기 때문이다.

군자가 이상으로 생각하는 강함은
밖의 환경은 수용하되
도덕적 주체성을 잘 지킬 수 있는 것이며
평화를 사랑하고 덕화가 뛰어난 남방의 강이다.
남을 무력으로 억누르는 강은
반드시 뒷날 보복이나 또 다른 강자를 만나게 됨으로
그것은 일시적인 강이며 영원한 강이 될 수 없으니

관대하고 부드럽게 남의 잘못을 깨우치는

차원이 높은 강함이 참다운 강함이 되는 것이다.

또한 남이 나에게 잘못하여도

오히려 불쌍히 여기고 보복하지 않는 넉넉함이

바로 강한 것임을 가르치고 있다.

부모가 자식에게 베푸는 강함이나

성자의 필부들에 대한 강이야말로

진정으로 영원한 강이 되는 것이다.

군자가 주변의 갈등 요인이나

반대 또는 순종에도

두루 교류할 수 있는 아량과 신용이 있으되

사회에 저해되거나

군자의 생활에 방해되는 것에 함께하여

흐르지 않는 의지를 지킬 줄 알아야

강자라고 하며,

아무리 어려운 극단적인 상황에 처하여도

도덕적인 입장을 고수하여 철저하게 지키되

그로 인하여 어려운 일이 있어도

세속의 유리한 쪽에 영합하지 않아야 강이 되며,

국가가 도덕적으로 훌륭하게 다스려져서

자기자신이 높은 벼슬을 얻거나

또는 환경이 좋아졌다고 하여도

최초에 시작하였을 때의 가난하고 어려웠을 때 태도를

저버리지 않을 수 있어야 강이 되며,

국가에 도덕이 무너져서 혼란에 처하여

도덕적인 태도가 생명의 위협이 되더라도 변절하지 않고

양심과 정의를 지킬 수 있어야

참다운 강인 것이다.

제11장 군자의 표준

1) 공자님 말씀하시기를

    은벽한 것을 찾고 괴상한 행을 하는 것이

    후세에 전하여지기는 쉽겠지만

    나는 그런 일은 결코 하지 않겠다.

    군자가 도덕을 실천하다가

    중간에 그만두는 군자도 있으나

    나는 결코 그렇지 않겠다.

    군자는 중용의 진리를 굳게 실천하되

    세상에 묻혀 알아주지 않는다 하여도

    결코 후회하지 않아야 하나니

    이것은 오직 성자만이 할 수 있는 심법(心法)이다.

원문

子曰 索隱行怪를 後世에 有述焉이나 吾弗爲之矣로다.

君子遵道而行하다가 半途而廢하나니 吾弗能已矣로다.

君子는 依乎中庸하야 遯世不見知而不悔하나니

唯聖者아 能之니라.

해설

비사회적이며 비일상적인 신선술이나

괴상한 행동, 신통을 보이는 행동은

사람을 현혹시키고 유명해 질 수 있다.

그런 것이 혹 세상에 선전될 수 있겠으나

그것이 사람과 사회가 필요로 하는

평상적인 것이 되지 못하기 때문에

그런 일은 하지 말아야 한다는 것이요.

군자가 성인의 도에 입문하여 뜻을 세워서 실행하다가

실천이 어렵거나 세상의 유혹으로

처음 세운 뜻을 포기하는 경우가 허다하다.

보통 세상에 명류(名類)가 되려 하여도

대단한 공력을 들여야 한다.

하물며 천리를 깨달아서 그것을 나의 인격화(人格化)하고 생활화하며 사회화하려는 것은 수억 만 배 공을 들여야 한다.

성류(聖類)가 되고자 하는 군자는

인류의 가장 높은 가치를 실천해야하기 때문에

훨씬 더 인내와 공들임이 필요하다.

공부인이 도덕적 이상이라고 할 수 있는

중용에 표준하여 공부하면 높은 경지에 이르게 된다.

그러나 혹 세상에 드러나지 않을 수가 있다

때를 만나지 못하는 경우는 얼마든지 있기 때문이다.

군자의 격(格)이 성류에 이르지 못하면

하늘을 원망하고 세상을 원망하는 경우가 있다.

이것은 현자(賢者)는 되었으나

아직 성자가 되지는 못한 것이라고 할 수 있으니

더욱 정진하여 성자(聖者)가 되어야 한다.

제12장 군자가 실천해야 할 크고 넓은 도리

1) 군자가 깨달아 실천해야 하는 도리는

   넓고 큰 것이며,

   또 보이지도 않는 은밀한 것이다.

   어리석은 부부들도 아는 일일지라도

   그 어떤 분야의 지극한 일에 대하여는

   비록 성인이라도 모를 수 있고,

   보통 사람들이 능히 실천하는 것도

   그 지극히 세밀한 것에 이르러서는

   비록 성인이라도 그것에 능하지 못하는 경우도 있으며

   천지와 같이 넓고 커도

   사람들의 불평 대상이 되기도 한다.

그러므로 군자가 우주의 도리를 깨달아 실천하여
큰 성인이 되어서 큰 도리를 말하면
세상도 다 싣지 못할 것이요,
구체적이고 작은 것을 말하면
누구도 진리성을 깨뜨리지 못할 것이다.

원문

君子之道는 費而隱이니라.
夫婦之愚로도 可以與知焉이로되
及其至也하야는 雖聖人이라도 亦有所不知焉하며
夫婦之不肖로도 可以能行焉이로되 及其至也하야는
雖聖人이라도 亦有所不能焉하며
天地之大也에도 人猶有所憾이니
故로 君子語大인댄 天下莫能載焉이오
語小인댄 天下莫能破焉이니라.

해설

도에 뜻을 두고 처음 도문에 들어오면
성자가 깨달아 실천하여 제정하여 놓은
교법(敎法)이 교과서가 된다.
그런데 그 정도가 높아지면

교법과 아울러 우주를 지배하는 천리(天理)가

나의 인격을 탁마하는 범본(範本)이 된다.

천리란 우주 만물 전체를 지배하기 때문에

한없이 크며 광대하다.

또한 천명은 만물마다에 세밀하게 작용한다.

그러므로 광대하고 은밀하다고 한다.

군자는 이 천명의 광대하고 세밀한 원리를 깨달아서

그것을 실천하려고 하여야 한다.

천명이 광대하고 세밀하기 때문에

혹 보통 사람도 그 일부분을 잡고 정성을 들이면

진리의 일부분을 알기도 하고 실천하기도 한다.

그러므로 군자는 어느 분야에서든지

배워서 익히고 본받아 실천하는 노력을 해야 한다.

공자님과 같은 대성인도 다른 나라에 가면

그곳의 예를 물으셨다고 한다.

그러니 아직 공부를 완성하지 못한 군자는 더 말할 것이 없이

학생정신으로 살아야만 천명의 광대하고 세밀한 것을

두루 갖추는 성인이 될 수 있는 것이다.

우리가 교화해야 할 사람들은

큰 은혜를 나투신 천지가 하는 일에 대하여도

잘한다 못한다 불평을 곧잘 한다.

지진이 나는 일이나 비가 너무 와서 홍수가 나거나

또는 가뭄이 있으면 천지를 원망한다.

이러한 민중을 가르쳐야 할 군자이기 때문에

더욱 더 정진하여야 한다.

군자가 천명의 광대한 원리를 깨닫고

또한 사물마다의 특성까지 깨달아서

실천할 수 있는 인물이 된다면

그 분의 크신 말씀을

세상은 다 수용하여 알아듣지 못할 수도 있으나

또한 오묘하고 세밀한 말씀을 부정할 수 없어서

후세에 모두 경전이 되며 도덕의 근본이 되는 것이다.

2) 시경에 노래하기를

「솔개는 하늘 높이 나르고

물고기는 연못에서 뛰도다」라고 했다.

이는 군자가 본받아 실천하여야 할 이치가

위아래와 만물에 가득함을 노래함이다.

군자가 공부할 진리는

지극히 가까운 부부 사이에 행해야 할 법도에서 시작하여

그 광대함에 미쳐서는 천지를 살피는 데까지 이르나니라.

원문

詩云「鳶飛戾天이어늘 魚躍于淵이라」하니 言其上下察也니라.
君子之道는 造端乎夫婦니 及其至也하야는 察乎天地니라.

해설

솔개가 하늘 높이 나르고 물고기가 연못에 뛰는 모습이

한갓 현상으로 볼 수 있으나

천리를 궁구하여 아는 사람에게는

모는 것이 이치 아님이 없기 때문에

천지만물에 충만한 이치가 생생약동하는 모습을 표현한

시경(詩經)을 인거하였다.

어찌 날고 뛰는 것만 이치라고 할 수 있을 것인가?

자고 있는 것, 쉬는 것, 가는 것, 오는 것,

유정 무정이 모두 다 이치의 부림에 의한 것이다.

이법(理法)의 영역이 광대하나 그 자취는 알 수 없는 것이니

정성스럽게 궁구하면 반드시 깨달아 얻을 것이다.

깨달아 얻어서 인간생활에 활용하려면

가장 가까운 나의 몸과 가족부터 본을 보여서 인증받고,

그 인증받은 것을 점차 확대하여 가는 것이

도를 펴가는 순서이다.

이렇게 쉬운 것, 가까운 곳에서부터 실천하여가면

결국에는 천지가 자기의 소유가 되고

일만 가지 조화가

무진무궁하게 번져감을 알 수 있다.

제13장 도덕은 사람다움을 가르친다

1) 공자님이 말씀하셨다.

　도덕이란 결코 사람이 행하지 못할만큼 멀리 있는 것이 아니니

　인간이 도덕을 실천하되 인간다움에서 멀어진다면

　그것은 인간을 인간답게 하는 도덕이라고 할 수 없다.

　시경에 노래하기를

　「도끼자루를 베는 것이여

　자루의 표본이 멀리 있는 것이 아니로다」라고 했다.

　도끼자루를 잡고 자루를 벨 때에

　눈을 흘겨 옆을 바라보면서

　오히려 도끼자루의 표본이 멀리 있다고 하네.

　그러므로 군자는

　사람다움을 표준하여 사람다움을 가르치다가

　모두 고쳐지면 그치나니라.

원문

子曰 道不遠人하니 人之爲道而遠人이면 不可以爲道니라.
詩云「伐柯伐柯여 其則不遠.」이라하니
執柯以伐柯하되 睨而視之하고 猶以爲遠하나니
故로 君子는 以人治人하다가 改而止니라.

해설

성자들은 하늘 이치를 깨달아서
그것을 자기 생활과 사회와 국가에
유익하게 하는 방책을 수립한다.
그것을 솔성의 도리라고도 하고 교법이라고도 한다.
또 그런 교법을 사회화할 때에 도덕이라고 말한다.
이러한 도덕이 만들어질 때에
인간 사회에 흐르고 있는 천리를 보고 만들며,
인간의 삶과 전통문화와 관습 등이 고려되어서
만들어지기 때문에
인간의 생활을 벗어난 고원하고 어려운 것이 아니다.
다만 제자들이 천리를 알지 못하고
어렵고 난해하게 해석하기 때문에
도덕과 민중이 유리될 수 있음을 염려한 말씀이다.

공자의 가르침이나 모든 성자의 가르침이

일반인에게는 어렵게 여겨질 수가 있다.

그러나 믿고 알아서 실천하려고 노력하면

바로 알 수 있고 실천할 수 있는

인간생활에 아주 밀접한 말씀들이다.

우리가 유의할 일은

경전해석을 쉽고 간명하게

그리고 생활 속에서 실천할 수 있도록 하여야 한다는 것이다.

2) 충실하고 관대함은 도리에 어긋나 멀리 있는 것이 아니니
   남을 상대할 때에 내 몸에 베풀어 보아서
   싫은 일은 다른 사람에게도 강요하지 말아야 한다.

원문

忠恕가 違道不遠하니 施諸己而不願을 亦勿施於人이니라.

해설

인간의 삶은 만남에 있다.

그 만남을 어떻게 하느냐에 따라서

나도 저 사람도 세상도

57

좋아질 수도 있고

나빠질 수도 있는 것이기 때문에

만남에 있어서는

도덕이 가장 중요한 요건이라고 할 수 있다.

만남의 가장 중요한 심법은

그 사람을 대하는 나의 마음이

거짓이 없는 진실한 마음이라야 한다.

이것이 바탕이 되어

저 사람의 처지를 나의 입장으로 미뤄서 이해하고,

그에 알맞은 행동을 하는 것이

저 사람과 내가 이롭게 되는 가장 좋은 관계이며,

이것이 중용을 실천하는 단초가 되는 것이다.

내가 저 사람을 상대할 때

한갓 나의 처지에 미뤄서 그 사람에게 행동하였다고 하여도

먼저 거짓 없는 참 마음이 전제되지 않으면

나도 모르는 사이에 사욕이 앞서서

바르게 그 사람의 처지를 이해하지 못하게 된다.

그러므로 반드시 전제되어야 할 것이

사욕이 없는 충심(忠心)이 먼저이고,

그 다음에는 입장을 바꿔 생각〈易地思之〉하고 행동해야

참다운 용서〈恕〉 공부가 되는 것이다.

3) 군자가 실천해야 할 4가지 도리가 있는데
　　나는 한 가지도 잘하지 못한다.
　　자식들이 나에게 이렇게 해 주었으면 하는 것처럼
　　어버이 섬기는 것을 하지 못하였고,
　　아랫 사람들에게 바라는 것처럼 임금을 받들지 못하였으며
　　아우에게 바라는 것처럼 형님을 받들지 못하였고,
　　친구에게 바라는 것처럼 친구에게 하지 못하였다.

　　덕을 그 때에 맞게 베풀며
　　말을 그 곳에 맞게 심가 헹하여도 부족한 점이 있으니
　　늘 과감하게 힘써 노력하지 않으면 안된다
　　지나친 바가 있으면 과감하게 다하지 말 것이다.
　　말이 행동에 부합되는가를 살피고
　　행동은 말을 돌아보아야 하나니
　　군자〈수도인〉가 어찌 조심치 아니하랴.

원문

君子之道四에 丘未能一焉이로니

所求乎子로 以事父를 未能也하며

所求乎臣으로 以事君을 未能也요

所求乎弟로 以事兄을 未能也요

所求乎朋友로 先施之를 未能也로니

庸德之行하며 庸言之謹하야 有所不足이어든 不敢不勉하며

有餘어든 不敢盡하야 言顧行하며 行顧言이니

君子胡不慥慥爾리오.

해설

공자님의 겸손하심과

끝없는 구도의 정열을 느끼게 하는 대목이다.

내가 상대하는 사람을

어떻게 대하여 주는 것이 가장 좋은 도덕적인 태도인가를

아버지인 내가 아들이 이렇게 해 주었으면 좋겠다는 생각으로

제 아버지를 봉양하지 못하였다는 예를 들어 말씀하셨다.

내가 나의 부모에게 어떻게 하는 것이

지극한 효도인가를 설명하신 말씀이다.

친구가 이렇게 해주었으면 좋겠다는 바람이 있을 때,

나는 그 바람처럼 친구를 대접하는 것이

진정한 우정이 되는 것을 지적하였다.

우리들은 사람을 대할 때

나는 저 사람이 이렇게 대해주기를 바라지만,

내가 저 사람을 대할 때는

이기적인 태도로 대하는 자기 모순을 범하여

참으로 인간관계가 서로 상처를 주고 불신하는 관계로,

더 나아가서는 적대시하는 경우가 많으니 문제인 것이다.

내가 저 사람에게 바라는 바처럼

나도 그 사람을 대하도록 힘써 노력하는 것이야말로

덕스러움을 닦는 길이며, 성숙한 관계이며,

서로를 성공시키는 길이며, 성사의 길이나.

말하기 전에 내가 그 말을 실천에 옮길 수 있는가,

과거에는 어떠했으며

앞으로도 계속할 수 있을 것인가를 살필 줄 알아야 한다.

행동 할 때는

내가 어떤 말을 했던가를 상기하여서

과거에 했던 말과

지금 하려는 행동이

부합되는가 살펴서 행동하여야만

군자의 도덕을 닦는 것이다.

이것에 게으르거나 대충대충 하고서

공부한다고 할 수 없다.

사람마다 그 사람의 말과 행동이

금과옥조(金科玉條)로 신용이 있으며,

영향력이 있는 사람이 있고,

말과 행동이 매우 가볍게 취급되는 사람이 있다.

그것은 말과 행동이 다르기 때문이다.

말과 행동이 일치한 사람이 군자이며,

군자는 비록 미천한 자리에 있어도

그 말과 행동이 일치하여야

주변을 변화시키고 사회를 지도하는 인물이 될 것이다.

제14장 군자의 삶의 태도

1) 군자는 자신의 처지에 알맞게 행동할 것이요.
   분수 밖의 것은 원하지 않아야 한다.
   내가 재물이 있고 명예가 있으면 그것에 알맞게 행동하며
   혹 가난하고 천한 입장이면 그런 입장에서 처신하고
   혹 내가 변방 나라에 처하면 또한 그렇게 처신하며
   환난을 당하면 환난을 당한 입장에서 행동아어야 하나니
   군자는 어떠한 처지에 들든지
   그 자리에서 편안함을 얻지 않음이 없는 것이다.

원문

君子는 素其位而行이오 不願乎其外니라.
素富貴하여서는 行乎富貴하며 素貧賤하여서는 行乎貧賤하며
素夷狄하여서는 行乎夷狄하며 素患難하여서는 行乎患難이니
君子는 無入而不自得焉이니라.

해설

군자는 자기 자신의 입장에서부터 공부를 시작한다.

그리고 천명을 알아서

그에 합당한 처신을 할 줄 아는 것으로

진실한 삶을 살려고 한다.

또 될 일과 안 될 일을 잘 구분하여

가능한 일을 점진적으로 이뤄갈 줄 안다.

사람들의 불행은 자기 처지를 망각하고

행동할 때에 발생한다.

거짓과 속임은 자기 자신의 처지를

확실하게 인식하지 못하기 때문에 생기는 문제이다.

대저 자기 분수밖에 허세를 부리거나 과한 욕심을 부리는 것은

모두 다 명리욕에서 발단하였으며

사욕에 물들어 있기 때문이다.

허세와 과욕은 이뤄지지 못할 것을 공연히 애만 쓰고

남에게 문제만 일으켜서 자타가 어려움에 빠지게 만든다.

분수에 알맞은 자기 훈련으로

그 때 그 곳에 알맞은 행동을 하며

가장 높은 효과를 거두게 만드는 것이

천리를 알아서 활용하는 군자의 적극적인 태도이며,
천명인 자기 본성을 깨달아서
사욕이 없는 중(中)자리를 지키고
그 곳 그 때에 절도에 맞게 행동하는 것이
화(和)를 실천하는 길이며 이것을 중용이라고 한다.

2) 윗자리에 있으면서 아랫사람을 업신여기지 않고,
　　아랫자리에 있으면서 윗사람을 끌어잡지 아니하고
　　자기 자신을 바루되 그것을 다른 사람에게 강요하지 않으니
　　이렇게 하면 원망이 없을 것이니라.

원문

在上位하야 不陵下하며 在下位하야 不援上이오,
正己而不求於人이면 則無怨이니라.

해설

윗자리에 있을 때에 가장 많이 범하는 것이
아랫사람을 업신여겨서
상하의 간격을 갈등관계로 만들어서
삶의 질을 떨어뜨리고

업무를 비효율적으로 만드는 경우이다.

윗사람이 아랫사람을 업신여기면

그 수모가 결국 나에게 돌아오는 인과의 이치를 모르거나

아랫사람이 잘 받쳐줌으로써

윗자리가 보전된다는 원리를 모르기 때문이다.

아랫자리에 있으면서 윗사람에게 잘 보이려고 매달리는 것은

결국 자기자리를 부정당하게 보호받고

출세하려는 욕구에서 비롯된다.

반드시 아랫사람은 윗사람의 어려움을 이해하여 협조하고

정당한 일에 적극적으로 노력해야 한다.

그러나 부정당한 일에 협력하거나

자기 자신을 잃고 아부하는 태도는

상사를 버리고 조직을 파괴하며

나를 저버리는 일이기 때문에

군자가 할 일이 아니다.

군자가 자기의 공부표준을 과시하려고

남에게 강요하거나

남의 표준을 무시하고

자기 생각을 강요하는 수가 있다.

이것은 참으로 주의해야 할 일이다.

자기도 자기 처지에 맞는 표준으로 행동하듯이

다른 사람도 그에게 알맞은 행동표준을 갖고

행동할 수 있도록 돕는 것이 군자의 일인데,

나의 고원한 표준을 남에게 강권하면

인간관계가 소원하게 되고 거짓 관계가 되는 원인이 된다.

3) 위로 하늘을 원망하지 않고

　　아래로 사람들을 탓하지 아니 하여야 할지니,

　　군자는 평범하게 살면서 운명을 잘 수용하나

　　소인들은 위험한 짓을 하면서 행복하기를 바라니라.

　　공사님이 말씀하시기를

　　활 쏘는 일이 군자의 심법과 흡사하도다.

　　그것은 화살이 과녁에 맞지 않으면

　　도리어 자신에게서 그 원인을 찾기 때문이다.

원문

上不怨天하며 下不尤人이니라.

故로 君子는 居易以俟命하고 小人은 行險以徼幸하니라.

子曰 射有似乎君子하니 失諸正鵠이면 反求諸其身이니라.

해설

천지자연을 지배하는 하늘의 도리는
잘 살고 못 사는 모든 사람에게
공정하게 자원과 기회를 주는데
사람이 이치를 모르거나 준비가 없거나 때를 알지 못하여
곤궁해졌다는 사실을 군자는 잘 안다.
때문에 하늘을 원망하거나 주변 사람의 허물을 탓하여
불행의 원인을 떠넘기려는 무도(無道)한 마음이 없는 것이다.

하늘의 공정한 도리를 알고
정성들인만큼 준다는 원리를 알아서
군색함에 처하지 않도록 준비하고
미처 준비하지 못하여 당하는 난관이 온다하여도
수양으로 극복하고
자기 부족을 깨우쳐 주시는 가르침으로 여겨서
감사하는 태도를 취하는 것이 성인의 심법이다.

소인들은 하늘의 이치를 모르기 때문에
헛된 꿈을 꾸거나 준비 없이 하루하루를 허송하면서
행복이 오기를 기다리다가
그 욕심이 채워지지 않으면

하늘을 원망하고 조상과 주변사람을 원망한다.

군자는 사람의 도리에 알맞은 소원을 지니고
그것을 평범한 사회생활 속에서 차차 준비하여
인격이 달라지게 하고 사회가 개선되도록
심혈을 기울이는 것이다.

제15장 도는 가까운 곳에서 실천해야 한다

1) 군자가 도리를 실천하여 가는 것을 비유하면

　먼 곳을 가려할 때 반드시 가까운 곳부터 출발하고

　높은 곳을 오르려할 때

　반드시 낮은 곳부터 시작하는 것과 같다.

　시경에 노래하기를

　「처자가 서로 화합함이여 거문고를 합주하는 듯 하고,

　형제가 뜻 맞음이여 기쁨을 즐기는도다.

　네 가정을 정의롭게 하여 네 처자가 즐겁게 되리로다」고 했다.

　공자님이 이 시를 읊고서 부모님은 편안하시겠다고 하셨다.

원문

君子之道는 辟如行遠必自邇하며 辟如登高必自卑니라.

詩曰 妻子好合이 如鼓瑟琴하며 兄弟旣翕하야 和樂且耽이라.

宜爾室家하며 樂爾妻帑라.

子曰 父母는 其順矣乎인저.

해설

공부인이 도덕적인 인간으로 거듭 태어나고

도덕 세상을 건설하려는 뜻을 세우면

그 이상이 참으로 높고 거룩하고 먼 것이 사실이다.

그러나 이것을 단계적인 순서에 따라서

차근차근 쉬지 않고 지성으로 행하면

반드시 이뤄신다는 확신을 가지고 시작해야 한다.

자기 자신부터 과거의 잘못된 습관을 하나하나 찾아내서

진리에 합당하고 성자의 심법에 맞추어 하나하나 고쳐

도덕적 인간으로, 진리적 인간으로 변화되어야 한다.

세상을 구원하려는 뜻을 지닌 인물도

반드시 가장 가까운 자기 집안부터

도덕적인 표준으로 차근차근 잘 다스려야

그에 비롯하여 세상이 다스려진다는

공부의 시작과 기초에 대한 말씀이다.

내가 도덕적으로 새롭게 태어나고
가까운 내 가정이 화합하여 화락하여지고
사회, 국가, 세계에 번져가는 것이 순서이다.
수신제가치국평천하(修身濟家治國平天下)가 상도이며
순리자연한 것이다.
그러나 치국평천하에 큰 뜻을 둔 사람 중에는
공익을 우선하는 선공후사(先公後私)의 경우도 있으며
큰 일을 먼저 하면 작은 일은 자연스럽게
다스려지는 경우도 있다는 것을 또한 알아야 한다.

제16장 천도의 위대함

1) 공자님이 말씀하셨다.

　천리의 덕스러움이 풍성하도다.

　그 모습을 보려고 하여도 보이지 않고

　그 작용을 들으려 하여도 들리지 않으나

　만물의 바탕이 되니 그 이치를 벗어날 수가 없구나.

　하늘 아래 모든 사람으로 하여금

　마음을 조촐하게 하고 옷을 단정하게 입게 하여

　끊임없이 기도를 올리게 하니

　진리는 위에 가득하신 듯 좌우에 계신 듯 하도다.

　시경에 노래하기를

　「천리의 함께 하심을

가히 헤아려 생각할 수 없는데

하물며 조심치 아니하랴」고 했다.

천리의 보이지 않는 작용이

결국 만물의 현상으로 나타나나니,

그 작용의 정성스러움을

누구도 덮어 버릴 수 없는 것 같다고 할 것이다.

원문

子曰 鬼神之爲德은 其盛矣乎인저 視之而弗見하며

聽之而弗聞이로대 體物而不可遺니라.

使天下之人으로 齊明盛服하야 以承祭祀하고

洋洋乎如在其上하며 如在其左右니라.

詩曰 神之格思를 不可度思어늘 矧可射思아.

夫微之顯이니 誠之不可揜이 如此夫인저.

해설

하늘의 이법인 음양의 원리를

귀신이라고 말씀하였다

하늘의 이법이란

그 체성이 허무하되 영령하여 어둡지 않은 것이니

음양 이치의 바탕이 허령(虛靈)이요,

그 조화가 만물에 역력하게 작용하여 어둡지 않는 것이다.
이것이 천리이다.

천리는 만물에 빠짐없이 포함되어 있고
만물의 모든 변화가 천리 아님이 없다.
맨 앞장에서 말한 천명지위성(天命之謂性)은
하늘 이치가 나의 본성에 있다는 것이니
귀신의 섭리가 내 마음인 것이다.

천리는 볼래야 볼 수가 없고
잡을래야 잡을 수 없고
들을래야 들을 수 없는 것이나
춘하추동의 조화를 내고
만물마다 그 성질에 따라서 그에 맞는 재질을 공급하며
인간의 노력에 따라서 죄복을 주재하나니
참으로 크고 신비한 천리이다.
보이지도 잡히지도 들을 수도 없는 천리를
보통사람은 알지 못하면서도
어려움을 당하면 그를 향하여 기도하고
잘못을 저지르면 또한 두려워 하여 조심한다
어디 그 뿐이겠는가?

행복한 일을 당하면

천지에 감사하며

더욱 착하기를 맹세하기도 한다.

성인은 그 천리를 깨달아서 자기 삶에 활용하여 성인이 되고

군자는 성인의 도덕을 실천하여

천리를 깨달아서 실천하려 하고 있으니

그 천리를 논하지 않는 성자와 군자가 없고

그것을 모르면 자식이 부모를 모르는 것과도 같아서

필부요 범부이다.

일반사람도 천리를 알지는 못하나

천지신명에게 복을 빌고 죄벌을 두려워하며

옷깃을 여미기도 한다.

제17장 순임금은 큰 효자

1) 공자님이 말씀하셨다.

　순임금은 크게 효도를 하신 분이다.

　덕을 베품이 성인이 되시고, 존귀하심이 천자에 이르시고,

　부유하기로는 사해(四海) 안을 다 가졌으며,

　종묘에 모셔져 제사를 받으시고 자손들의 영예가 보존되도다.

　그러므로 큰 덕을 이루심은 반드시 높은 지리를 갖게 히고

　반드시 복을 얻게 하고 그 명예를 얻게 하고

　영생을 얻도록 하나니라.

원문

子曰 舜은 其大孝也與신저 德爲聖人이시고 尊爲天子시고
富有四海之內하사 宗廟饗之하시며 子孫保之하시니라.
故로 大德은 必得其位하며 必得其祿하며 必得其名하며
必得其壽하나니라.

해설

공자님은 순임금이야말로
중용을 완전히 실천하여 대덕을 갖추었으므로
앞 장에서는 큰 지혜로운 분이라고 평가하였으며,
이 장에서는 '대효자' 라고 흠모하셨다.
대효(大孝)라고 말한 것은 훌륭한 인격으로 대성인이 되시고
큰 명예와 권력을 지녔으며
영원히 큰 재산을 받고 자손을 영예롭게 하였으니
가장 큰 효를 다했다고 말한 것이다.

효자가 큰 덕을 갖추지 못하고 올리는 효도는
권한은 있으나 그 권한으로 인하여 잦은 시비를 듣고
인격은 출중하나 지위를 갖지 못하는 경우도 있으나
인격적으로 성자가 되고 덕화가 만방에 미치면
오는 권한과 부와 수와 명예는 거절하여도 거절할 수 없는
자연스러운 것이라서 참다운 효도이며 가장 완벽한 효도이다.

 효도를 다시 한 번 음미해 보면
 부모님이 계시지 않으면 내가 존재할 수 없다.
 나를 존재하도록 한 부모님에게 감사 보은하는 것이 효도이다.
 보통 효도는 부모님을 잘 봉양하고

마음을 편안하게 해드리는 것이나

더욱 큰 효도는 내가 훌륭한 인격자가 되어서

부모의 마음을 매양 즐겁게 해 드리는 것이며

나아가 성인(聖人)이 되면

나를 존경하는 많은 사람을 얻게 되고

또한 세상을 구원하는 커다란 공덕을 세우니

효행 중 가장 큰 효행이 될 것이다.

2) 천리가 만물을 생성할 때

　　그 재질을 따라서 육성하나니,

　　커나려는 것은 북돋우고

　　기울어지는 것은 넘어뜨리는 것이로다.

원문

故로 天之生物이 必因其材而篤焉하나니,

故로 栽者를 培之하고 傾者를 覆之니라.

해설

앞에서는 대효가 되신 순임금이

어떻게 그렇게 대성인의 대덕을 갖추었는가를 말하였다.

천리가 재질에 알맞은 은혜를 주나니

순임금은 그만한 재질이기 때문이라는 것이다.

사람을 대하여 보면

희망하는 바와 권리와 일을 감당할 만한

큰 그릇이 있고 모자란 그릇이 있다.

그릇에 맞게 천도가 행하여지는 것이다.

겨울의 뜰에는 갖가지 종자가 땅속에 가려 있다가

봄기운을 타고 종자의 재질대로

움이 트고 자라고 열매를 맺는다.

그리고 때가 되면 잎이 지고 열매는 땅속으로 갈무리 된다.

사람들마다 가지고 있는 재질이 있다.

옹졸한 생각을 가진 이도 있고

나라를 담을 만한 재질을 지닌 사람도 있다.

하늘의 섭리는 그 재질에 따라서 공평하게 준다.

그러나 옹졸한 재질을 가진 사람이

큰 욕심을 채우려 하면 방해하여 얻지 못하게 한다.

재질을 달성하였다고 하여도

때가 되면 왕성하였던 것은 다시 거두어가는 이치가 있다.

성인은 천리의 성쇠 이치를 통달하였기 때문에

쇠할 때가 되면 버릴 줄을 아는 것이다.

천리의 순환을 모르는 사람은
쇠락하는 불행을 졸연히 당하게 된다.
자연물상의 재질은
품부한 종자에 의하여 결정된다고 할 수 있으나
사람의 경우는 왜 재질이 있을까?
그것은 자연환경과 교육환경
그리고 본인의 서원과 그것을 실천하려는 정성 등이
수많은 전생부터 닦아온 결과라고 할 수 있다.
그러므로 포부와 정성을 끊임없이 탁마하여
스스로 재질을 만들어 가는 것을
확실히 터득해야 한다.
간혹 미혹한 사람은 재질을 하늘로부터 타고 났다고
막연하게 생각하여 하늘을 원망하고
자포자기하는 어리석음을 범하게 된다.
안된다고 하는 부정적인 사람은
하늘이 뜻대로 넘어뜨리고
된다고 하고 긍정적이며 그에 합당한 노력을 하면
반드시 하늘의 도움으로 성공하는 것이다.

3) 시경에 노래하기를

「기쁘실사 군자님

밝고 밝은 덕스러움이여

백성과 사람을 알맞게 다스림이라.

복록을 받기를 하늘로부터 하니

보호하사 천명을 누리게 하시고

하늘로부터 복록이 거듭하도다」고 했다.

그러므로 큰 덕을 성취하면

반드시 큰 사명을 천리로부터 부여받는도다.

원문

詩曰 嘉樂君子의 憲憲令德이 宜民宜人이라.

受祿于天이어늘 保佑命之하시고 自天申之라하니라.

故로 大德者는 必受命이니라.

해설

순임금과 같은 대덕, 즉 성인의 덕을 갖추기 위해서는

먼저 신명(身命)을 바칠 수 있는 스승이 반드시 계셔야 한다.

그 스승의 가르침에 따라서

천리를 깨닫고 대덕을 갖추겠다는 대서원이 확립되어야 하고,

그 대서원이 확립되면

스승의 가르침을 교본 삼아서
닦아 실천하기를 힘써 행하여야 한다.
그리고 힘써 행한 노력에 바탕하여
민중을 위하여 교화에 전력하고,
인연이 있는 사람과 만나는 모든 사람에게
끝없는 혜택을 주어야 한다.
밖으로 베푼 덕화가 풍만하게 응축되어서
그것으로 인하여 대덕을 이루게 된 것이며,
이 대덕을 이루면 마땅히 큰 지위와 큰 책임이
그 사람에게 오게 하는 것이 바로 천리이다.

제18장 문왕의 큰 덕스러움

1) 공자님이 말씀하셨다.

　　근심이 없는 분은 문왕이시로다.

　　왕계와 같으신 분을 아버지로 모셨고 무왕 같은 아들을 두시니

　　아버지는 창업하시고 아들이 그를 잇도다.

　　무왕이 태왕, 왕계, 문왕의 계통을 이으사

　　한 번 갑옷을 입으시어 천하를 얻으시니

　　몸은 천하에 드러나는 명성을 잃지 않으시어

　　존귀하기로는 천자가 되고

　　부유하기로는 사해 안(四海內)의 모든 것을 소유하시고,

　　종묘에 모시어 제사를 모시고, 자손이 대대로 보존되도다.

　　무왕이 말년에 명을 다하시니

　　주공이 문왕, 무왕의 덕업을 성취하사

　　태왕과 왕계를 왕으로 추존하고

위로는 선공들을 천자의 예로서 제사하였다.

이러한 예법은

제후와 대부와 선비와 일반인까지 통용돼 있으니

아버지가 대부요 그 아들이 선비면

장례는 대부의 예로서 하고 제사는 선비로서 받고,

아버지가 선비요 그 아들이 대부이면

장례는 선비로 제사는 대부의 예로서 하였다.

기년상은 대부까지 이르고 3년상은 천자까지 이르나니

부모의 상은 귀하고 천함을 막론하고 한 가지로 하나니라.

원문

子曰 無憂者는 其惟文王乎신저 以王季爲父하시고

以武王爲子하시니 父作之어시늘 子述之하시니라.

武王은 纘太王 王季 文王之緖하사 壹戎衣而有天下하시대

身不失天下之顯名하사 尊爲天子시고 富有四海之內하사

宗廟饗之하시며 子孫保之하시니라.

武王이 末受命이어시늘 周公이 成文武之德하사

追王大王王季하시고 上祀先公以天子之禮하시니

斯禮也 達乎諸候大夫及士庶人하니

父爲大夫오 子爲士어든 葬以大夫오 祭以士하며

父爲士오 子爲大夫어든 葬以士오 祭以大夫하며
期之喪은 達乎大夫하고 三年之喪은 達乎天子하니
父母之喪은 無貴賤一也니라.

해설

문왕의 집안은 참으로 훌륭한 인연이 모인 듯싶다.
문왕, 무왕, 주공 등이 대덕을 이루신 분들이고
훌륭한 인연들이 3대에 걸쳐서 창업을 하고 확장하고
제도나 문물, 예법을 제정하는 등
어느 곳 하나 결함이 없는 집안이다.
대저 보통 세상에도 창업을 한 후 2대째에 잘 이어가지 못하고
설사 2대째 이어가도
3대에는 망하는 경우가 보통인데
국가를 창업하고 3대째까지 화평하게 순서에 맞게
국가의 큰 기틀과
국민들이 행할 예절까지를 완벽하게 갖추었으니
어느 역사에도 이렇게 완벽한 창업과
순리로서 이룩된 창업은 있기 어려울 것이다.

세속에서도 적선을 열심히 하지 않으면
재산이 3대에까지 가기 어렵다고 하였는데

국가의 대업에 있어서는 더 말할 나위없으니

선대의 부모나 문왕, 무왕, 주공 등이

모두 정치를 도치와 덕치로 하였기 때문이라고 생각된다.

제19장 무왕과 주공의 효도

1) 공자님이 말씀하셨다.

　　무왕과 주공은 지극히 효도를 다하였다.

　　대개 효도라는 것은 선인의 뜻을 잘 계승하고

　　선인들의 일을 잘 발전시키는 것이다.

　　봄과 가을에는 사당을 수리하고 제사 그릇을 진열하며

　　조상의 의복을 배열하고 제철 제사 음식을 올리는 것이다.

　　종묘의 예절은 조상의 신주(神主)를 배치하는 것으로

　　1세를 중심으로 소(昭) 〈2세, 4세, 6세들을 좌측으로〉와

　　목(穆) 〈3세, 5세 등을 우측으로〉 순서로 하는 것이요,

　　작위의 순서는 귀와 천을 구별하는 일이다.

　　제사를 치루는 소임을 정하는 것은

　　슬기로움을 판별하는 일이요,

제사 후에 윗사람과 술을 마실 때에

아랫사람이 윗사람에게 올림은

천한 사람까지 이르게 하려 함이요,

잔치가 파한 후에 일족이 모여서 술을 마실 때는

나이순으로 하는 것이다.

왕위에 올라서는 선왕의 예법을 행하고

그 때 그 음악을 연주하고

그 높이던 바를 공경하고

선왕이 친하던 사람들을 아끼는 것이다

장례를 지낼 때는 살아계신 분을 섬기듯 하고

장례가 끝난 후에도 옆에 게시는 듯 섬겨야

효도를 다했다고 할 것이다.

원문

子曰 武王周公은 其達孝矣乎신저.

夫孝者는 善繼人之志하며 善述人之事者也니라.

春秋에 修其祖廟하고 陳其宗器하며

設其裳衣하고 薦其時食이니라.

宗廟之禮는 所以序昭穆也오 序爵은 所以辨貴賤也오

序事는 所以辨賢也오

旅酬에 下爲上은 所以逮賤也오 燕毛는 所以序齒也니라.

踐其位하야 行其禮하며 奏其樂하며 敬其所尊하며

愛其所親하며 事死如事生하며 事亡如事存이

孝之至也니라.

해설

주나라의 예는 주공(周公)이 주로 만들었다고 한다.

예를 제정할 수 있는 것은

하늘의 이치를 깨달아서 그에 맞게 제정하는 것이기 때문에

천도를 오득(悟得)하지 않고서는 불가능하다.

예의 근본인 중심과 변방, 그리고 음양의 원리와

춘하추동 변화의 순서를 알아야

예절의 절차가 마련된다.

그러나 천도의 오득만으로 예가 완성되지 않고

과거의 예절을 반드시 알아서 참고하여야 한다.

주공이 예절을 제정할 때는

은나라가 망하고 주나라가 세워졌을 때인데

한 시대가 망하여 새로운 예법이 필요한 때였다.

은나라의 예법을 다 버릴 수는 없고

은나라 시대의 예법을 잘 이해하여

버려야 할 폐습과 온전히 전수해야 할 의례를

구분할 줄 아는 지혜가 요구되었다.

아마도 주공은 천도를 오득하였고

또한 은나라의 예법도 통달한 인물인 듯싶다.

여기서는 효행의 구체적인 방법을 들었다.

선조와 부모의 뜻을 잘 받들어서

잘 지키고 후대에 잘 전해지도록 하는 것이다.

소위 가풍이며 가도를 잘 보존하는 일이며

제사의 준비와 행례에 정성을 다하는 것과

부모를 섬기고 사랑함을 대를 이어서 하는 것과

돌아가셨지만 좌우에 계신 것처럼 섬기는 것이

대효가 된다는 것이다.

2) 하늘에 대한 제사〈郊〉와 땅에 대한 제사〈社〉는
   하늘님을 섬기는 것이요,
   종묘의 제례는 선조에게 올리는 것이다.

   교사의 예와 체(禘)〈천자의 시조〉와
   상(嘗)〈선조 제사〉에 대하여

제사 올리는 그 뜻에 정통하면

나라 다스리기가 손 뒤집듯이 쉬울 것이니라.

원문

郊社之禮는 所以事上帝也오

宗廟之禮는 所以祀乎其先也니

明乎郊社之禮와 禘嘗之義면 治國은 其如示諸掌乎인저.

해설

옛날 정치는 제정일치 시대였다.

제왕은 바로 제사관이 되어서 제사를 올리는 것이

통치 행위가 되었기 때문에

왕은 국가를 보위하고 국민을 교육하고

민생을 안정시키기 위하여

제사에 온갖 정성을 다하였다.

제왕이 하늘에 올리는 제사와 땅에 올리는 제사,

그리고 자기의 조상에 올리는 제사에 대한 의미를 분명히 알고

그 제사에 정성을 다 할 수 있다면

국가를 다스리는 일이 어렵지 않음을 말씀하셨다.

제왕이 국가를 경영하는 일에는

부모님께 효를 다 하도록 하여

가정을 안정시키고

삶의 태도를 보은에 두도록 하는 가치관을 세우며

가례를 실천하도록 하는 것을 중시하였다.

각종 예법을 제정하고 그것을 실천하도록 함으로써

사회질서를 바로 잡고

시비판단의 준칙을 삼았다.

제왕은 천지신명에게

제사를 올림으로써 제왕의 권위를 공고히 하여

백성이 충성토록 하였고

모든 백성이 천명을 존중토록 하며

천지자연 질서를 인식하고 그에 순응토록 하여

욕심과 방자한 삶을 경건한 삶으로 살도록 하였다.

현대국가는 각종 법률을 제정하여

권선징악하고 사회질서를 바로 잡아

국가를 경영하고 있지만

인류가 초기국가를 형성해 가는 과정에서는

국가의 예법, 가정의 예법을 합당하게 제정하고

제왕 자신부터 실천하여 모범을 보이고

백성에게 충효의 정신을 권장하였음을 알 수 있다.

그렇게 하면 국가 다스림은 손바닥 뒤집듯 쉽다는 것이다

제20장 국가를 통치함에 대하여

1) 애공이 정치에 대해 물으니 공자님이 말씀하셨다.

　문왕과 무왕의 정치하셨던 것이 잘 기록되어 있다.

　지금도 그런 사람이 있다면 정치는 잘 될 것이요.

　그런 인물이 없다면 정치는 잘못될 것이다.

　사람을 다스림은

　정치의 잘하고 못하는 것에 빠르게 나타나고

　땅을 다스림은 나무를 가꿔보면 빠르게 나타나나니,

　대개 다스린다는 것은 잘 자라는 갈대와 같다.

원문

哀公이 問政하니 子曰 文武之政이 布在方策하니
其人이 存則其政이 擧하고 其人이 亡則其政이 息이니라.
人道는 敏政하고 地道는 敏樹하니 夫政也者는 蒲盧也니라.

해설

공자 당시에는
문왕(文王), 무왕(武王), 주공(周公) 등이 창업하여 발전시킨
주(周)나라가 망하고 매우 혼란한 시기였다.
이때 노나라 군주인 애공이 정치에 대하여 공자님께 묻자
그에 대해 답변하였다.
이상 국가로 여겨진 문왕, 무왕의 정치 방법이 기록되어 있으니
참고할 일이지만
정치를 잘할 수 있는 문왕, 무왕이나
그에 버금가는 인물이 있어야 된다고 가르쳤다.
정치를 잘 할 수 있는 인물만 만나면
정치는 민생에 있어서 빨리 효과가 나타나는데
마치 잘 자라는 갈대와 같다고 비유하었다.

2) 정치는 잘되고 못되는 것이 사람에 달려 있다.
   사람을 쓰되 몸 가짐을 보고 쓸 것이요,
   인격을 탁마하되 도리를 표준으로 할 것이요,
   도리를 표준함은 어진 마음이 주가 되어야 한다.
   어진 것이 사람의 본성이니
   가까운 친족을 친하게 여김이 큰 일이 되고,

의로운 것은 마땅함이니

어진 이를 높임이 큰 일이 되는 것이다.

친족을 친하게 모시는 순서와 어진 이를 높이는 정도가

바로 예의 발생 근거가 되는 것이다.

원문

故로 爲政이 在人하니

取人以身이오 修身以道오 修道以仁이니라.

仁者는 人也니 親親이 爲大하고

義者는 宜也니 尊賢이 爲大하니라.

親親之殺와 尊賢之等이 禮所生也니라.

在下位하야 不獲乎上이면 民不可得而治矣리라.

해설

정치를 잘하려면 결국 훌륭한 인물을 잘 써야 한다.

그런 사람을 얻으려 하면

그 사람의 도덕성과 업적, 장단점을 잘 알아서 써야 하고

그 사람을 내 몸처럼 아끼고 믿어주어야만

정치를 잘 할 수 있다.

군주 스스로가 덕성의 인격을 탁마하는 노력을 하여야 하며,

덕성은 근본적으로 백성을 사랑하고 아끼는 마음이

반드시 주가 되어야 한다.

어질다는 것은 사람이 사람답다는 것이다.

사람이 사람답다는 것은

안으로 천연적으로 갊아 있는 본심 그것을

잘 지킬 줄 아는 것이요,

밖으로 가까운 친척을 따뜻하게 챙기고 보살피는 것이다.

그리고 의로운 인물을 옳게 여겨서

권면하고 존경해야 할 스승을 두고

그를 존경하여 묻고 배우는 것을 큰 일로 여겨야 한다.

그리고 친척을 친히 여실 때에

사정에 흐르거나 편리 따라서 하지 않고

가장 가까운 친척을 더욱 친하게 하고

먼 친척을 그에 맞게 대접하여

차등을 두되 예에 맞게 대하는 것이

공평하고 불평 없게 다스리는 것이요,

스승을 존경하여 묻고 배우는 것도

예에 어긋나지 않아야

정사가 공정하여 잘 다스려진다는 것이다.

3) 군자는 인격을 탁마하지 않을 수 없고,

　　인격을 수련할진대 어버이를 섬기지 않을 수 없고,

　　부모님을 섬기려 할진대 사람을 알지 않을 수 없으며,

　　사람을 알려고 할진대 천리를 알지 않을 수 없는 것이다.

원문

故로 君子는 不可以不修身이니 思修身인댄 不可以不事親이오
思事親인댄 不可以不知人이오 思知人인댄 不可以不知天이니라.

해설

장차 국가를 경영해야 할 군자들은

국가의 장래를 책임져야 할 인물들이기 때문에

도덕으로 인격을 탁마하여야 할 것이니,

인격을 탁마하려고 생각할진대

부모님께 효도하는 일부터 해야 한다.

부모를 똑바로 섬기려면

도리를 가르쳐주는 인물을 알아서

그에게 배워야 하는 것이요,

또 사람을 깊이 알아야 할진대

하늘 이치를 공부하여서

우주의 질서와 만물의 변화,

인간세상의 흥망성쇠의 이치에 관심을 가지고

그 이치를 궁구하여야만

사람을 알아볼 수 있는 안목과

세상을 바르게 하는 경륜이 열린다는 것이다.

결국 군자는 인격을 갈고 닦으며,

천리를 연마하여야 큰 인격자로 성장할 수 있다는 것이다.

4) 세상을 통달하는 길이 다섯 가지요,

　이것을 실천하게 하는 것이 셋이다.

　다섯 가지란 왕과 신하, 아버지와 아들, 남편과 아내,

　형과 아우, 친구 간에 교제하는 것이다.

　이 다섯 가지는 인간관계를 잘하게 하는 윤리강령이요,

　지혜로운 것, 어진 마음, 결단력 등

　세 가지는 인간관계를 잘하게 하는 인격의 덕이다.

　이 모두를 행하게 하는 것은 한 마음이다.

원문

天下之達道五에 所以行之者는 三이라.

曰君臣也와 父子也와 夫婦也와 兄弟也와 朋友之交也五者는 天下之達道也오

知仁勇三者는 天下之達德也니 所以行之者는 一也니라.

해설

사람이 세상을 살아가는 데는
기본적으로 사람과의 관계를
어떻게 하느냐에 따라서 성패가 달려 있다.
그 관계의 대표적인 것을 정리하자면 다섯 가지이다.
왕과 신하의 관계, 부자 관계, 부부관계, 형제관계, 친구관계이다.
이 관계를 법이 있게 하면 사회생활이 원만하여
성공의 길이 열리고 은혜롭게 될 것이지만,
그러지 못하면 사회로부터 지탄을 받고
앞길이 막힐 수밖에 없다.
이 오륜(五倫)을 현대적 의미로 생각하여
자기 자신의 인간관계를 반성하며
무엇이 문제인가를 생각하여 개선하기에 노력해야 할 것이다.
그런데 오륜(五倫)이라는 관계에 대한 도리가 있다 할지라도
그것을 실천하는 것은 결국 나의 실천력 여하에 달려있다.

그러므로 밖으로 서로 간에 은혜로운 인간관계가 되게 하려면

결국 나 자신이 법도 있게 행동하고

실천할 수 있어야 한다.

자기의 능력을 단련하는 세 가지 덕목은

첫째, 지적 능력으로 판단의 지혜요,

둘째, 인간 본성을 회복하여 평정심을 잃지 않는

무사심을 지키는 능력이요,

셋째, 정의는 나아가 실천하고

의롭지 못한 마음을 과감하게 떨쳐내는 결단력을 말한다.

이러한 오륜(五倫)이나

지인용(知仁勇) 등 세 가지 실천해야 할 덕목(德目)은

결국 정성스럽게 하는 것이

제일 중요함을 결론적으로 말씀하였다.

5) 어떤 사람은 태어나면서부터 알고,

어떤 사람은 배워야 알고,

어떤 사람은 애를 써 노력해야만 알기도 한다.

그러나 그 아는 결과에 있어서는 똑 같은 것이라고 할 수 있다.

어떤 사람은 힘 안들이고 실천하고,

어떤 사람은 이로움을 발견해야만 실천하고

어떤 사람은 지극히 애를 써야만 실천하는 사람이 있다.

그러나 실천한 결과에 있어서는 똑 같은 것이라고 할 수 있다.

원문

或生而知之하며 或學而知之하며 或困而知之하나니

及其知之하야는 一也니라.

或安而行之하며 或利而行之하며 或勉强而行之하나니

及其成功하야는 一也니라.

해설

앞에서 말한 바 있는

밖으로 오륜을 실천하고

수신해야 할 지·인·용 세 가지 덕목을 익혀가는 데 있어서

세 가지 단계로 사람을 분류할 수 있는데

구경처에 이르면 모두 같다는 뜻이다.

첫번째 상근기자는 태어나면서부터 알며 실천하고

두번째 중근기자는 배워야 알며 이로움이 있어야 실천이 되고

세번째 하근기자는 애를 써야 겨우 알며 실천한다.

이러한 세 단계의 사람이 있을 수 있다는 것이다.

공자 문하에서는 대표적으로

안연과 같은 인물은 첫번째가 되며

상당히 많은 사람이 두번째이다.

증자와 같은 인물은 세번째의 인물로

스스로도 노둔하다고 표현한 적이 있으나

결국 오래오래 하여 대성을 이룬 인물로 알려져 있다.

지금 나의 정도가 문제가 아니라

얼마나 지속적으로 정성을 들일 수 있는가 하는 것이

관건이라고 할 수 있다.

6) 공자님이 말씀하셨다.

　　배우기를 좋아하면 지혜로움에 가깝고,

　　힘써 닦기를 쉬지 않으면 본성에 가까워지고,

　　자기의 허물을 부끄럽게 여기면 용기에 가깝다고 할 수 있다.

이 세 가지를 잘 알면

자기 자신의 인격을 탁마할 줄을 아는 법이요,

인격을 양성할 줄 알면 사람을 다스릴 줄 아는 법이요,

사람을 다스릴 줄 알면 사회와 국가를 다스릴 줄 아는 것이다.

원문

子曰 好學은 近乎知하고 力行은 近乎仁하고

知恥는 近乎勇이니라.

知斯三者則知所以修身이오 知所以修身則知所以治人이오

知所以治人則知所以治天下國家矣 니라.

해설

자기를 관리하고 자기의 능력을 고양시키며

나아가서 자기 스스로를 성자적 인격으로 성장시키는

세 가지 요소가 있으니 지인용(知仁勇)이다.

수신의 요체가 바로 이 세 가지 덕목임을 알아서

이에 표준하여 공부하여야 한다.

스승과 경전에 대해 묻고 배우기를 쉬지 않고 하다보면

우주의 원리와 인간만사를 꿰뚫어 아는 지혜가 점점 밝아지고,

나의 사욕과 오욕칠정을 닦아내고 닦아내면

점점 천심에 도달하고,

자기 허물을 부끄럽게 여겨서

하나하나 과감하게 고치고 고쳐나가면

점점 결단력이 생기게 된다.

이렇게 수신을 하면 사람을 가려 쓸 수 있는 능력이 생기고

사람을 가려내서 다스릴 수 있으면

천하국가도 다스리는 능력자가 되는 것이다.

7) 사회와 국가를 다스림에는 아홉 가지 경륜이 있다.

　　인격을 양성하도록 하는 것,

　　어진 스승을 본받도록 하는 것,

　　친족과 친하게 지내도록 하는 것,

　　대신을 공경하도록 하는 것,

　　뭇 신하와 하나가 되는 것,

　　서민을 자식처럼 여기는 것,

　　뭇 기술자를 우대하는 것,

　　변방의 사람을 부드럽게 대접하는 것,

　　지방 신하들을 잘 감싸주는 것이다.

자신의 인격을 양성하면 도덕이 세워지고

어진 스승을 본받으면 미혹함이 없을 것이고,

친족과 친하게 지내면 모든 형제와 원한이 없을 것이며,

대신들을 공경하면 혼란이 없게 될 것이며,

뭇 신하들과 한 몸이 되면 선비들이 이를 두텁게 갚게 되며

서민을 자식처럼 여기면

백성들이 충성을 서로 권면하게 되며

뭇 기술자들을 우대하여 모여들게 하면

재물이 풍족할 것이며,

변방 사람들을 부드럽게 대하면 사방인심이 모여들며,

지방 신하들을 잘 감싸주면 국가의 힘이 뭉쳐져서

다른 나라에서 두려워할 것이다.

원문

凡爲天下國家엔 有九經하니,

曰 修身也와 尊賢也와 親親也와 敬大臣也와 體群臣也와

子庶民也와 來百工也와 柔遠人也와 懷諸候也니라.

修身則道立하고 尊賢則不惑하고 親親則諸父昆弟가 不怨하고

敬大臣則不眩하고 體群臣則士之報禮重하고

子庶民則百姓이 勸하고 來百工則財用이 足하고

柔遠人則四方이 歸之하고 懷諸侯則天下畏之니라.

해설

국가 경영의 큰 꿈을 지닌 사람이면
이 아홉 가지 기본적인 경륜을 갖추는데
진실된 노력을 해야 하며
이런 준비가 되지 않은 사람은 준비에 열정을 다하여야 한다.

여기서 가장 기본이 되는 것은
결국 자기 자신의 인격양성이다.
도덕적으로 결함이 없는 성자적인 인격자라야 한다는 것이다.

다음은 상하좌우에 나를 위하여
지혜를 빌려 줄 수 있고
권력에 아부하지 않는 때문지 않은
스승이 있느냐 하는 것이다.
보필자와 스승이 있다 하여도
그것을 존중할 줄 아는 지혜와 금도가 있는가 하는 것은
역시 인격양성에 있다는 것을 알아야 한다.

그리고 다음은 신용에 있다.
지도자가 신용이 없다면
부하와 국민을 하나로 묶어서

목표를 향하여 나아갈 수 없다.

그리고 그 다음은 덕(德)스러움이라고 할 수가 있겠다.
우주에는 가면 오고 오면 가는 이치가 있으니
남에게 주면 반드시 나에게 오고
남에게 받으면 반드시 내가 주어야 한다.
그러므로 남에게 끊임없이 베풀면
내가 풍성하게 받을 수 있다.
덕이란 남에게 혜택을 주는 것이다.

8) 마음을 재계하고 위의를 갖추고
예에 맞지 않는 일에 나서지 않는 것이 인격을 닦는 것이요,
아첨함을 떨쳐버리고 남녀욕을 멀리하며
재물보다도 베푸는 덕을 중요하게 여기는 것은
사람들에게 도덕을 권면하는 것이요,

지위를 높여주고 그 녹을 충분하게 하고
좋은 일이든 궂은 일이든
함께 하는 것은 친족과 사이좋게 지내도록 권면하는 것이요,

많은 관리를 두어 일을 맡기고 부리는 것은
대신들을 존중함이요,
진실과 믿음으로 대하며 녹봉을 무겁게 함은
선비들의 의욕을 권면하는 일이요,

때에 알맞게 부리며 세금을 적게 거두는 것은
백성들을 권면하는 일이요,
날마다 살피고 달마다 시험하여
종사하는 일에 알맞게 녹봉을 주는 것은
기술자들을 권면하는 일이요,

오는 사람을 잘 맞이하고 가는 사람을 후하게 보내며
잘하는 일을 칭찬하고 모자라는 것을 가엾게 여기는 것은
변방 사람들을 부드럽게 하는 일이요,

끊어진 대(代)을 이어주고
망해가는 나라를 일으켜 세워주며
혼란을 다스리고 위태로운 것을 바로 잡아 주며
조공과 사신을 정한 시기에 오도록 하며
보내는 선물은 풍족하게 하되

받는 공물은 가볍게 해 주는 것이

지방관속을 대접하는 일이다.

이와 같이 국가를 다스려 가는데 아홉 가지 경륜이 있지만

이를 행하는 길은 오직 한 마음 정성스러움이다.

원문

齊明盛服하야 非禮不動은 所以修身也오

去讒遠色하며 賤貨而貴德은 所以勸賢也오

尊其位하며 重其祿하며 同其好惡는 所以勸親親也오

官盛任使는 所以勸大臣也오.

忠信重祿은 所以勸士也오

時使薄斂은 所以勸百姓也오

日省月試하야 旣禀凜稱事는 所以勸百工也오

送往迎來하며 嘉善而矜不能은 所以柔遠人也오

繼絶世하며 擧廢國하며 治亂持危하고 朝聘以時하며

厚往而薄來는 所以懷諸侯也니라.

凡爲天下國家에 有九經이나 所以行之者는 一也니라.

해설

임금으로서 도덕적이고 경제적으로 풍성한 국가를 경영하는

아홉 가지 경륜을 말씀하신 것으로

구체적인 목표와 방법 그리고 결과까지

자세하게 설명이 되어 있다.

여기 몇 가지를 들어 설명한다면,

임금과 신하와 온 국민이

수신, 즉 인격을 도덕적으로 갖추도록 해야 하는데

그러기로 하면 마음이 방탕에 흐르지 않도록 재계하고

언제나 위의를 갖추어 정치에 임해야 하며,

또한 아첨하는 신하를 멀리하고 남녀욕을 멀리하면

그 중에 수신이 되는 것이요,

이렇게 수신을 제대로 하면 도덕적 인물이 될 것이라고 밝혔다.

어진 인물이 세상에 존경받도록 해야만

국민교육이 절로 된다.

그러기 위해 먼저 재물의 가치보다

도덕적 가치를 귀하게 여기면

자연히 어진 사람을 존경하는 사회 풍토가 조성되어서

사회가 미혹함에 떨어지지 않고

또한 임금도 어리석음에서 벗어나서

밝은 정치를 하게 되는 것이라고 밝혔다.

지방 국가를 따뜻하게 보살펴서

제후들이 대를 잘 잇도록 주선하여 주고

지방 제후의 정치가 어려울 때 도와주고

중앙정부를 방문하는 것을

농번기 등을 피하게 배려하여 주며

받는 것은 적게 하고 주는 것은 후하게 하면

자연히 중앙과 지방이 혼연일체가 되어서

먼 다른 나라가 감히 넘보지 못하게 된다는 것이다.

아홉 가지의 국가 경영방법은

모두가 군주인 통치자가

도덕적으로 완성된 사람이라야 하고

또한 신하와 백성을 사랑하는 일념이 있으며

이것을 이룩하기로 하면

오직 정성스럽게 통치에 임해야 한다는 것이다.

  9) 대개 미리 일을 준비하여 두면 성공할 수 있으며

     미리 준비하여 둠이 없으면 패배하는 것이다.

       말하기 전에 미리 준비하여 방향을 정하여 놓으면

       일 당하여 넘어지지 아니하고,

       일을 당하기 전에 미리 계획하여 놓으면

곤란을 당하지 않고,

행동하기 전에 미리 방침을 정하여 놓으면

일 당하여 탈이 나지 않으며,

미리 수신의 도를 익혀 놓으면

일을 당하여 궁색하지 않는 것이다.

원문

凡事 豫則立하고 不豫則廢하나니

言前定則不跲하고 事前定則不困하고 行前定則不疚하고

道前定則不窮이니라.

해설

모든 지도자가 업무를 처리하여 갈 때에

미리 준비하는 공부를 하여야 한다는 것이다.

일이란 일을 당하기 전에

어떤 일이 닥쳐올 것인가 예측 하여야 한다.

일상적인 일은 쉽게 예측할 수 있으나

복잡다단한 일은 예측이 그리 쉽지 않다.

미리 예측하기 위하여 역사 공부를 하며

천리를 살펴서 춘하추동의 변화를 읽어야 하며
여러 방면 전문가들의 조언을 잘 들어야 한다.
그래서 어떤 일이 올 것인가를 알고
그것에 대한 세밀한 대비를 해 두어야 기회를 잡을 수 있고
또한 성공할 확률이 높다.
준비하지 못한 사람은 언제나 패배하기 마련이며
기회가 와도 잡아 쓸 수가 없는, 아쉽기만 한 인생이 된다.

일이란 복잡다단하여
합리적으로 예측하여도 돌발적인 요인 때문에
틀리는 일이 비일비재하다.
합리적으로 예측하는데 게을리 말아야 하지만
정신을 온전하고 영성을 맑게 다듬어서
떠오르는 영감을 기를 줄 알아야 한다
그러나 떠오르는 영감은 오류가 있을 수 있으니
합리적인 예측과 영감이 잘 결합되어야만
원만한 예측이 될 것이다.

10) 아랫자리에 있으면서 윗사람의 신뢰를 받지 못하면

　　아래 백성을 다스리지 못할 것이니,

　　윗사람의 신뢰를 얻는데 도가 있으니

　　친구들에게 신용을 얻지 못하면

　　윗사람에게 신뢰를 받지 못할 것이다.

　　친구들에게 신용을 얻으려면 도가 있으니

　　부모님께 순종하지 않으면

　　친구들로부터 신용을 얻지 못할 것이다.

　　부모님께 순종하려 함에 도가 있으니

　　자기 자신을 반성해 볼 때

　　정성스럽지 못하면 부모님께 순종하지 못하게 되는 것이다.

　　자기 자신에게 정성스러움에 도가 있으니

　　착한 일에 밝지 않으면

　　정성스러울 수 없는 것이다.

원문

在下位하야 不獲乎上이면 民不可得而治矣리라.

獲乎上이 有道하니 不信乎朋友면 不獲乎上矣리라.

信乎朋友가 有道하니 不順乎親이면 不信乎朋友矣리라.

順乎親이 有道하니 反諸身不誠이면 不順乎親矣리라.

誠身이 有道하니 不明乎善이면 不誠乎身矣리라.

해설

우리는 홀로 사는 것이 아니라 상하와 좌우가 함께 어울려 산다.

그러므로 중간자의 입장에 있는 사람은

윗사람의 신뢰가 절대적으로 필요하다.

그것이 여의치 못하면 그 자리에 더 있어서는 안 된다.

왜냐하면,

상하가 소통하여야 단체나 국가가 이롭게 운영되는데

중간에 내가 들어서

상하 사이를 소통하지 못하도록 방해하기 때문이다.

윗사람에게 신뢰받는 조건은

물론 윗사람에게 신뢰를 잃지 않도록 하는 것이 중요하고

친구나 부모나 아랫사람에게도 도리를 잘해야만

그것을 바탕으로 윗사람이 나를 신뢰하게 된다.

주변 사람에게 신뢰를 받으려면 그냥 되는 것이 아니요,

결국 내가 도리에 맞게 잘 수신을 해야 하고

그 수신의 요체는 정성스러움에서 나온다.

그러므로 윗사람에게 신뢰를 잃지 않는 것은

결국 수신의 핵심이 정성스러움에 있다는 것이다.

11) 정성이란 천도가 행하는 길이요,

정성을 다하는 것은 사람이 행하는 길이다.
정성이란 맞추려고 힘들이지 않아도 알맞으며
헤아리지 않아도 알아져서 진리에 맞게 따르는 것이니
그가 바로 성인(聖人)이시다.

정성을 다하는 것은
가치 있는 것을 선택하여 굳게 잡아서 실행하는 것이니,
예컨대 넓게 배우며 자세히 물으며 신중하게 생각하고
분명하게 변별하며 독실하게 실천하는 것이다.

배우지 않음이 있을지언정
배울진대 능하지 못한 것을 두지 말 것이요,
묻지 않음이 있을지언정
물을진대 알지 못하는 것을 두지 말 것이요,
생각지 않을지언정
생각할진대 얻지 않음을 두지 말 것이요,
판단하지 않음이 있을지언정
변별을 할진대 밝지 않음을 두지 말 것이요,
실행하지 않음을 둘지언정

실천할진대 돈독하게 실천하지 못할 바를 두지 말 것이니라.

사람들이 한 번에 능하였으면 나는 백 번을 하며

사람들이 열 번에 능히 하였다면 나는 천 번을 할 것이니라.

과연 이런 방법으로 능히 행한다면

비록 어리석더라도 반드시 밝아질 것이요,

비록 유약하더라도 반드시 강하여질 것이니라.

원문

誠者는 天之道也오 誠之者 人之道也니

誠者는 不勉而中하며 不思而得하여 從容中道하니니 聖人也오.

誠之者는 擇善而固執之者也니라.

博學之하며 審問之하며 愼思之하며 明辨之하며 篤行之니라.

有弗學이언정 學之인댄 弗能을 弗措也하며

有弗問이언정 問之인댄 弗知를 弗措也하며

有弗思이언정 思之인댄 弗得을 弗措也하며

有弗辨이언정 辨之인댄 弗明을 弗措也하며

有弗行이언정 行之인댄 弗篤을 弗措也하며

人一能之면 己百之하며

人十能之어든 己千之니라.

果能此道矣면 雖愚나 必明하며 雖柔나 必强이니라.

해설

천도(天道)는 그 운행을 무위이화(無爲而化) 자동적으로 한다.

쉼이 없이 계속한다.

쉼이 없이 운행하는 것이·천도의 정성이다.

정성 그 자체가 바로 천도라 말할 수 있다.

천지만물은 천도의 정성스러움에 의하여

생성 화육되고 있는 것이다.

천도의 정성은 무위이화로 되는 것이요,

사람들의 정성은 인위적으로 노력하여 되는 것이다.

군자가 도에 뜻을 두고 천도를 본받아서

정성을 다하면 성인이 된다.

성인은 정성의 화신이기 때문에

일부러 애쓰지 않아도 저절로 그 곳, 그때에 알맞게 되고

알려고 하지 않아도 알아지는 것이며,

자연스럽게 중화가 되는 것이다.

공자께서 칠십에는 마음 가는대로 행동하여도

법도에 어긋남이 없다고 하신 점이 이런 까닭이었을 것이다.

그러므로 천도의 정성이나 성인의 정성은

서로 다르지 않음을 알 수 있다.

군자가 도에 뜻을 두고 정성을 다하는 것은

어떤 진리적 표준을 가지고 그에 의지하여

천 번 만 번 억만 번을 반복하고 반복하는 것이다.

성자는 천도의 정성처럼 노력하여

애쓰지 않아도 저절로 중도가 되지만,

아직 그 경지에 이르지 못한 사람은

목표를 정하여 방심하지 않을까 염려하여

온갖 애를 써서 정성을 다할 것이다.

물론 모든 성자의 꾸미지 않는 정성도

결국 애써서 정성을 들였기 때문에

이룩된 것임을 알아야 한다.

군자가 수신에 뜻을 두고 정성을 들일 때에

두루 배우고 진지하게 물으며

또한 신중하게 생각하고 밝게 분별하며

나아가 독실하게 실천하는데 정성을 다하면

결국 알아지고 실현되는데

그것은 모두가 정성 여하에 있는 것이다.

제21장 정성스러우면 밝아진다

1) 성(誠)으로 인해 밝아진 것을 본성이라 하고
   밝음으로 인해 성실해진 것을 가르침이라고 한다
   정성스러우면 밝아지고
   밝아지면 정성스러워지나니라.

원문

自誠明을 謂之性이오 自明誠을 謂之教니
誠則明矣오 明則誠矣니라.

해설

마음에 끼인 사리사욕과 선입주견을
정성스럽게 닦고 또 닦으면
결국 본성에 도달하여 본성을 깨닫게 되는 것이요
본성으로부터 우러나온 그 지혜로

남에게 정성을 다하여 모범을 보이고
사람을 염려하고 북돋우는 제도사업에 열중하는 것을
교화라 한다고 하였다.

앞의 자성명(自誠明)은 아직 천리를 깨닫지 못하고
애를 써서 정성스럽게 하는 정성이오,
뒤의 자명성(自明誠)은 천리를 깨달아서
천리대로 정성스럽게 되는 정성이다.

먼저 정성스러움으로 인하여 도가 밝아진다.
정성이란 나의 모든 마음을 다하여
목표를 향하여 지속적으로 노력하는 것이다.
속으로 거짓이고 딴 마음이 있으면 정성이 아니요,
진심(眞心)은 있으나 계속하지 않은 것도 또한 정성이 아니다.
정성으로 밝혀진 도리를 알고 그것을 실천하게 되면
그 밝음으로 더욱 정성스러워지고
자기가 하는 온갖 일이 진심으로 지속하는 성인의 일이 되어서
세상을 위하여 도덕의 등불을 밝히고
사람을 가르치는데 심혈을 기울이게 된다.

이러한 교화는 누가 하라고 해서 하는 것이 아니라,

스스로 천직으로 하는 것이다.

마치 부모가 아이를 낳게 되면 그 아이를 위하여

자동적으로 먹이고 입혀

가르치는 정성을 쉬지 않는 것과 같다.

제22장 지극한 정성으로 천도에 합일한다

1) 오직 세상에 지극한 정성이라야

　　자기의 본성을 완전히 회복할 수 있으니

　　본성을 완전히 회복하면 곧 사람들의 본성도 알게 되고

　　사람들의 본성을 알게 되면 만물의 본성도 알게 된다.

　　만물의 본성을 알게 되면 세상을 교화할 수 있고

　　세상을 능히 교화한다면

　　가히 하늘과 땅의 하는 일에 참여하게 된다.

원문

惟天下至誠이아 爲能盡其性이니

能盡其性則能盡人之性이오

能盡人之性則能盡物之性이오

能盡物之性則可以贊天地之化育이오

可以贊天地之化育則可以與天地參矣니라.

해설

오직 지극한 정성이란

공자님의 구도 열정이며

석가모니 부처님의 6년 고행이요,

예수님의 간절한 기도 정성이며

소태산 대종사님의 20여년간에 걸친 구도 열정이며

모든 성자들의 삶 전체이다.

지극한 정성을 들여야만

우리 몸과 마음에 함께 하는

천명(天命)을 완전히 밝힐 수 있다.

또한 천지허공과 삼라만상에 다북 차 있는 도리(道理)를

알아낼 수 있는 것이다.

자기 본성을 찾아 밝힌 사람은

다른 사람의 본성과 만물의 본성도 알게 되고

만물마다 지닌 특성을 알게 된다.

이렇게 알지 못하는 것이 없는 지혜를 지니게 되며

모든 일을 다 할 수 있는 대능력인이 된다.

그러면 천지의 기운을 바룰 수 있고

인류를 위하여 교화하고

사회의 병맥을 진단하며

그것을 고치기 위하여

오롯한 정성을 기울이지 않을 수 없게 된다.

성인은 정성으로 들어가고

정성으로 살아가는 것이다.

제23장 정성스러움은 한 분야를 완성한다

1) 그 다음은 어느 한 분야를 완성하는 것이다.

    한 분야에 능하도록 정성을 들이는 것이니

    정성스러우면 나타나고 나타나면 드러나고

    드러나면 밝아지고

    밝아지면 사람을 감동시키고

    감동시키면 주변을 변화시키고

    주변을 변화시키면 사람을 화육시킬 수 있는 것이니,

    오직 세상에 지극한 정성이라야

    능히 사람을 화육시키는 것이다.

원문

其次는 致曲이라. 曲能有誠이니 誠則形하고 形則著하며
著則明하고 明則動하며 動則變하고 變則化니
唯天下至誠이아 爲能化니라.

해설

앞 장의 천하지성(天下至誠)이 천도를 원만하게 완성하며

대성자가 된 것이라면

치곡(致曲)은 한 분야를 완성하는 것이다.

사물에 당하여 결단력이라든지,

특별한 지혜라든지, 덕성이라든지

어느 한 분야에 집중적으로 정성을 들여서

그것에 일가를 이룬 것을 말한다.

대성인이라고 말할 수는 없으나

흔히 현자(賢者)라고 일컬어지는 경우이고,

또는 불가(佛家)에서는

여래(如來佛)에 미치지는 못하나

자비의 화신이라고 하는 관세음보살이라든지,

지혜의 화신인 문수보살이라든지 하는 경우이다.

어느 한 분야에 온갖 정성을 다하면

반드시 자기 자신이 그것을 느끼게 되고

자신이 감지하면 세상에 드러나고

세상이 알면 자연스럽게 그 앎과 실천으로 주변을 밝게 된다.

밝게 되면 주변 사람들이 감동이 되어서 변화가 된다.

변화가 되면 교화가 확실하게 이뤄진 것이라고 할 수 있다.

한 도인이 지극한 정성을 들여서 일가를 이루면
말하지 않아도 세상 사람들이 그를 알게 되고
그러면 그 사람을 신뢰하게 되어서 감동과 변화가 된다.
이렇게 변혁이 이루어지는 순서를 확연하게 밝혔다.

한 분야를 완성하였으나
전체를 완성한 경지에 이르지는 못하였기 때문에
더욱 정성을 들여서 내외가 완전히 밝아지고
이치와 일을 함께 수행할 수 있고
자신구원과 세상구원을 함께 잘하는 대능력자인
원만한 대성자가 되어야 하는 과제가 있고
한 쪽으로 완성되면 다른 한 쪽을 저버리거나
다른 한 쪽을 부정하는 경향이 있음을 경계해야 한다.
이러한 치곡의 경우도 보통 정성으로 되는 것이 아니라
지극한 정성을 들여야 한다는 것은 확실하다.

제24장 지극한 정성은 귀신과 같다

1) 지극히 정성스러우면 가히 앞 일을 알 수 있나니,
   국가가 장차 흥하려 함에 반드시 좋은 조짐이 있으며
   국가가 장차 망하려 함에
   반드시 재앙이 나타나서 점괘에 나타나고
   사람의 몸에 드러나기도 한다.
   화복이 장차 이르려고 하면 좋은 일도 먼저 알고
   좋지 못한 일도 반드시 먼저 아나니,
   고로 지극한 정성은 귀신과 같은 것이다.

원문

至誠之道는 可以前知니 國家將興에 必有禎祥하며 國家將亡에
必有妖孼하여 見乎蓍龜하며 動乎四體라
禍福將至에 善을 必先知之하며 不善을 必先知之니
故로 至誠은 如神이니라.

해설

의문은 누구에게나 있다.

그런데 그 알려고 하는 것에 지극히 정성을 들이면

사욕(私慾)과 칠정(七情)의 흑운(黑雲)이 벗겨지게 되어서

그 영감(靈感)이 훨씬 밝아져

앞 일을 감지하는 능력이 생긴다.

또는 어느 한 쪽에 깊은 관심을 가지고

그곳에 정성을 들이면 예측능력이 높아진다.

세상의 큰 변혁이 나타나기 전에

여러 가지 조짐이 나타나는데

천지자연이나 인간만사가 한꺼번에 변하지 않고

반드시 춘하추동과 같은 순서로 되기 때문에

전조인 그 실마리를 미리 예측하게 된다.

영감이 밝은 사람, 지극한 관심을 가진 사람은

그 변화의 시작인 실마리를 빨리 알아차린다.

우주 만물과 사회 국가와 사람은 끊임 없이 변화하여 간다.

자기 자신의 심신 작용에 의하여 변화하는 경우도 있고,

사회 전체나 지도자에 의하여 변화하기도 하고

밖의 환경에 따라서 변혁이 되는 수도 있다.

그 변화의 원인은 한두 가지가 아니라

여러 요인에 의하여 변화한다.

요즘은 경제에 대하여 미리 몇 년 후의 일을 전망하여 발표한다.

이렇게 요인분석을 하여 합리적으로 조짐을 알 수도 있지만

영감으로 조짐을 읽는 경지도 있다.

물론 이 두 가지가 상호 작용한다면 더욱 원만할 것이다.

합리적으로 현재의 정황을 보고

그것이 어떻게 영향을 미칠까 분석해보면

미래의 변화를 예측할 수 있을 것이다.

물론 이 경우 반드시 맞는다고 할 수는 없다.

그러나 이러한 분야에 종사하는 사람 역시

정성을 들이기 때문에

보통 사람보다 예측이 탁월하다.

영감으로 예측함도 역시 정성에 의한 것이요

합리적인 예측도 정성이다.

밝은 영성으로 집중하여 마음을 쓰면

귀신처럼 길흉화복을 예측할 수 있는

탁월한 능력이 생긴다.

제25장 정성은 만사를 이루는 시작과 끝이다

1) 정성스러운 것은 스스로를 이루는 것이요,
   도리는 스스로 실천해야 할 길이다.
   정성이라는 것은 만물을 이루는 시작이요 끝이니
   정성스럽지 못하면 이루지 못하나니라.
   이런 고로 군자는 정성스러운 것을 가장 귀하게 여기나니라.
   정성은 자기 자신만 이루게 하는 것이 아니요,
   만사를 이루게 하는 것이니라.

   자기 자신을 이루게 하는 것은 인에 힘쓰는 것이요,
   일을 성공시키는 것은 지혜에 있는 것이니
   이것이 모두 천리의 덕이라
   안과 밖을 함께 하여야 하나니
   때에 적절하게 단련하여야 하나니라.

원문

誠者는 自成也오 而道는 自道也니라.

誠者는 物之終始니 不誠이면 無物이니

是故로 君子는 誠之爲貴니라.

誠者는 非自成己而已也라 所以成物也니

成己는 仁也오 成物 知也니 性之德也라 合內外之道也니

故로 時措之宜也니라.

해설

정성스러움, 그것은 인간을 완성시키는 것이다.

어느 방향을 정하고

그것을 향하여 계속적인 노력을 기울이면

그 목표가 달성된다.

인격 뿐만 아니다.

만물과 일도 정성이라야 그 결과가 완성된다.

도(道)라는 것은 우주의 원리이며

자기 자신에 내재해 있는 천명(天命)이며

성자가 천명한 도덕의 근원이다.

정성스러움이 성공하려면

먼저 그 가치가 있는 방향, 곧 천명을 실천하려는

원력(願力)을 세워서 정성을 들여야 한다.

정성을 들이더라도

어리석게 들이기도 하고 지혜롭게 들일 수가 있으며,

똑같이 정성을 들여도

그 방법에 따라서 효력이 더디고 빠름이 있을 수 있다.

이것은 도리, 즉 목표와 방법이 합당하여야

실다운 결과로 나타난다.

눈에 잡히고 보이는 사물도

정성의 누적에 의하여 이룩된 것이다.

외물(外物)은 그 이루어감이 눈에 확인되어서

더욱 정성을 들일 수 있다.

그러나 마음을 수련하는 경우는 그것을 감지하기 어렵다.

때로는 이뤄진 것도 같고,

그렇지 못한 듯한 경우도 있다.

그러나 정성이 더욱 돈독하면

자기 자신이 알고, 밖으로 드러나게 된다.

그래서 정성은 인격의 완성이며 시작이며 끝이다.

정성스러우면 자기 자신에게 결과가 드러나고

그러면 사람들도 그것을 보고

목표를 정하고 정성을 들여야하겠다는 생각을 일으킨다.

그리고 정성으로 힘을 얻은 사람이

남의 앞길을 열어주기 위하여 정성을 다하면

그 결과가 바로 나타나서 세상을 이롭게 한다.

군자는 정성들이는 것을 가장 큰 보배로 여겨야 한다.

정성들일 방향이

안으로 천명(天命)인 본성(仁)을 회복하여 완성하는 것과

밖으로 묻고 배워서 지혜를 단련하는데 있으니

이 두 가지 인(仁)과 지(知)를 시의적절하게 단련해야만

지덕을 겸한 완성된 성자가 된다.

제26장 정성스러움은 쉼이 없다

1) 지극한 정성이란 쉼이 없나니라.
   쉬지 아니하면 오래하는 것이요,
   오래하면 효험이 나타나고
   효험이 나타나면 오래도록 멀리 미쳐갈 것이요,
   멀리 미쳐가면 넓고 두터웁고,
   넓고 두터운즉 높게 밝아지나니라.

   넓고 두터우면 만물을 실을 것이요,
   높고 밝으면 만물을 덮을 것이요,
   오래고 영원하면 만사(萬事)을 이루나니라.
   넓고 두터우면 땅에 짝하고
   높고 맑으면 하늘에 짝이 되고
   멀고 오램은 끝이 없는 것이다.

이와 같은 것은 보이지 않아도 빛날 것이요,

움직이지 않아도 변화시키며

하지 않아도 일을 이룩하나니라.

원문

故로 至誠은 無息이니 不息則久하고 久則徵하고 徵則悠遠하고
悠遠則博厚하고 博厚則高明이니라.
博厚는 所以載物也오 高明은 所以覆物也오
悠久는 所以成物也니라.
博厚는 配地하고 高明은 配天하고 悠久는 無疆이니라.
如此者는 不見而章하며 不動而變하며 無爲而成이니라.

해설

지극한 정성은 일심으로 지속하는 것이다.

마음으로 딴 생각하면서

행동으로만 계속하기는 어렵다.

반드시 천도를 깨닫고 천도를 잡아 실천하리라는

큰 서원을 향하여 마음을 다하며

또 하고 또 하는 정성이라야 한다.

이렇게 하면 늘 내가 새로워지고

언제나 정성이 샘솟아서 계속하게 된다.

도리에 합당하고 지혜롭게 일심으로 계속하면

날로 새로워서 늘 정성스러워진다.

일심으로 정성을 계속하게 되면

허령불매한 한 마음이 나타나고

그에 따라서 지혜나 실행력이 생겨서

지·인·용(知仁勇)을 실현하게 되는 것이다.

생활에 능력이 나타나서

인연이 있는 사람들에게 권하여

그 영향이 넓고 높게 드러난다.

성자의 덕이 넓고 두텁게 나타나서

모든 생령을 지극히 믿고 따르도록 하면

땅과 같은 것이요

그 지혜가 모든 생령들을 다 비춰주면

하늘에 짝하였다고 할 수 있다.

성자들의 정신이 제자들의 덕행으로

또 경전으로 세상에 두루 영향을 미쳐서

성자는 가셨지만

공자, 석가, 노자, 예수를 추모하고

그를 본받으려 함은

그분들의 글이 좋거나 재주가 좋거나

인물이나 문벌이 좋아서가 아니요,

오직 천도를 깨달아서 인도를 실천하신 성심인 것인데

그 성인의 심법은 바로 정성에서 이룩된 것이다.

그러니 정성이 얼마나 보배로운 것인지 거듭 느끼게 한다.

2) 천지의 도리는 가히 한 마디로 말할 수 있다.

그 진리는 둘이 아닌 하나이나

그것이 만물을 생성시킴은 헤아릴 수가 없도다.

하늘의 섭리는 넓고, 두텁고, 높고, 밝고,

오래고, 영원한 것이다.

지금 하늘에는 밝고 밝은 것이 많으나

한량이 없는데 미쳐서는

수많은 별들이 매달려 있으며 만물을 덮어주나니라.

지금 땅은 한줌 흙의 많음이나

넓고 두터움에 미쳐서는 큰 산들도 무겁지 않게 싣고 있으며

바다와 하천들을 거두어들여 있으나 새지 않으며

만물을 실었나니라.

지금 산은 한 움큼 돌들의 많음이나

그 넓고 큼에 미쳐서는 초목이 자라며 새와 짐승이 살며

보배가 거기서 발견된다.

지금의 물은 한 국자의 물이 모인 것이나

그 한량이 없음에 이르러서는

자라, 악어, 뱀, 용, 물고기, 거북이가 살고 있어

재화가 나오나니라.

원문

天地之道는 可一言而盡也니 其爲物이 不貳라

則其生物이 不測이니라.

天地之道는 博也厚也高也明也悠也久也니라.

今夫天은 斯昭昭之多니 及其無窮也하야는

日月星辰이 繫焉하며 萬物이 覆焉이니라.

今夫地는 一撮土之多니 及其廣厚하야는

載華嶽而不重하며 振河海而不洩하며 萬物이 載焉이니라.

今夫山은 一卷石之多니 及其廣大하야는

草木이 生之하며 禽獸居之하며 寶藏이 興焉이니라.

今夫水는 一勺之多니 及其不測하야는

黿鼉蛟龍魚鼈이 生焉하며 貨財殖焉이니라.

해설

천지만물을 다 이렇게 생존하도록 하여주는 천도는

한 마디로 말할 수 있다.

공자는 하늘〈天〉, 노자는 도〈道〉,

부처는 법신불〈法身佛〉이라고 일컫는다.

비록 만물은 복잡다단하게 얽히고 얽혀 있으나

파헤쳐 들어가면 하나의 이치인데

그 하나의 이치인 천도는 만물을 생성화육시킨다.

하나의 이치 그것은 하나이면서

천지 또는 어느 물건도 간섭하지 않는 것이 없다.

시작도 끝도 없이 순환 무궁하여

시작을 찾을 수가 없고 끝을 잡아 볼 수가 없다.

그 물건마다 그에 맞는 조화를 일으켜서

생로병사로 변화시키고

천지는 춘하추동으로 변화시킨다.

무성한가 하면 쇠퇴하게 하고

쇠퇴한 것을 다시 살려내기도 한다.

한 세상을 흥왕케 하더니 멸망하게 하고

멸망케 하더니 또 다시 일으켜 세워서 흥성하게 만드나니

그 천도의 무궁무진한 변화가 추측하기 어렵고

영원불멸하니 끝이 없이 영원하다.

이러한 신묘난측한 천도를 성자들이 깨달아 밝혀주나

아는 사람이 매우 드물고

말과 글로 천도를 논하지만 진정으로 아는 이는 드물다.

천하의 지성이라야

천도를 잡아서 세상을 구원하는 방책을 세우고

그것을 훈련시켜서 생령들을 구원하나니

성자들의 지성이 아니면

어찌 필부들이 천도를 논의할 수 있을 것인가.

생각하면 성자의 지성에 감탄하고

경외로운 마음 금할 수가 없다.

3) 시경에 노래하기를

「아아, 천명은 아름답기 그지없다」고 하였으니

하늘이 하늘 된 까닭을 노래한 것이다.

「아아, 뚜렷하지 않은가 문왕이 지닌 덕의 순일함이여」 하니

이는 문왕 된 까닭을 읊은 것이요,

순일함 역시 그치지 않음을 말한다.

원문

詩云維天之命이 於穆不已라하니 蓋曰天之所以爲天也오
於乎不顯가 文王之德之純이여 하니 蓋曰文王之所以爲文也니
純亦不已니라.

해설

하늘이 천지 만물을 다스림은

다 두텁고 은혜롭고 거룩하고

또한 아름답다고 해야 할 것이다.

그림을 볼 줄 아는 사람은

명화 앞에서 그림 솜씨에 감탄한다.

건축물을 잘 아는 사람은

건축물 앞에서 건축물의 아름다움, 정교함을 보고 즐거워한다.

필부들은 천지자연 앞에 서서

천지자연의 아름다움만 알고

천지자연을 이토록 아름답게 형형색색으로 변화시키는

조물주의 솜씨는 알아보지 못한다.

그러나 성자의 안목은

천지자연이 되도록 하는 연출자의 신묘한 솜씨에 감탄한다.

모든 성자들이 천도를 보아서

그것을 자기의 교과서로 여기고

그것을 본받아 천도와 같은 조화를 지니게 되는데

성자와 같은 안목을 지닌 사람은

옛 성인의 자취를 보면

그가 얼마나 위대하고 성스러웠는가를 직감한다.

그래서 공자는 요, 순, 우, 탕, 문, 무, 주공을 높이 칭송하였다.

제27장 위대하도다 성인의 능력이여!

1) 위대하도다 성인의 능력이여!

　　만물을 한량 없이 발육시켜

　　그 공덕이 하늘에 가득하도다.

　　넉넉하고 크도다!

　　예의는 3백 가지나 능하고

　　세밀한 조행은 3천 가지를 행하도다.

원문

大哉라 聖人之道여 洋洋乎發育萬物하여 峻極于天이로다.
優優大哉라 禮儀三百과 威儀三千이로다.

해설

성인이 밝혀 놓은 교법과 그 자취는
모든 사회 국가와 백성들에게 미치지 않음이 없다.

중국의 장구한 역사에

유교의 사서삼경과 노자의 도덕경 등은 지대한 영향을 끼쳤으며,

수많은 현인들의 말씀들도

세상의 시비를 가리고 양심을 불러일으키는

목탁이요, 등불이 되었다.

불타가 밝힌 고집멸도(苦集滅道) 등의 교법과

그 제자와 교단의 움직임은

동아시아 생령들의 가치관, 우주관, 인생관이 되었다.

예수님의 가르침도 마찬가지이다.

주세 성인들이 나오면 교법을 만들고

또한 사람들이 지켜야 할 관혼상제의 예절을 제정하여

사회질서를 바로 세우며 문명한 사회로 성장시킨다.

그리고 교단을 형성하여

그 교법이 민중과 사회에 빛이 되도록 만들어 나간다.

그래서 성자의 도는 하늘의 도에 버금가는 진리가 되는 것이다.

2) 천도는 성인다운 인물을 기다린 뒤에야

　　세상을 건지는 일을 하도록 하나니

　　그러므로 진실로 큰 덕이 아니면

　　지극한 도덕은 완성 되지 않는다.

원문

待其人而後에 行이니라.

故로 曰「苟不至德이면 至道不凝焉이라」하니라.

해설

천도는 무심으로 운행된다.

그래서 죄지은 사람에게 반드시 벌을 내리고

복을 짓는 사람에게는 반드시 은혜를 선물한다.

천도는 생령들이 지은 대로 가감(加減)없이 내린다.

그리고 만물이 지닌 종자와 특성에 알맞게 덕화를 내려서

그 종자가 결실하도록 도와준다.

천도는 무심하게 운행되지만

세상을 구원할 만한 인물이 나오면

그에게 정치의 왕이 아닌 왕중왕으로 임무를 주고

그 임무를 다하도록 돕는 것이다.

천도는 무심하게 작용하지만

그 사람이 아니면 천권(天權)을 주지 아니하고

그 사람을 만나면 천권을 주는 것이다.

천도가 천권을 주어야 교화할 수 있다

천도는 만물과 인간 세상에 지극히 공평하다.

그런데 왜 그 성자에게만 천권을 내리는가?

성자가 처음에는 보통사람이었으나

민중을 구원하기 위하여

또는 자기 자신의 인생의 문제로

특별히 발심하여 적공을 들여서

수많은 생애를 걸쳐서

큰 그릇으로 성장하였다가

금생(今生)에 천도를 깨닫고 천권을 얻어서

생령을 구원하게 된 것이다.

천도는 무심하여 공평하게 준다.

성자에게 천권을 주는 것이 아니라

성자가 정성스러움으로

천권을 잡아 쓰는 것이라고 할 수 있다.

3) 군자는 덕이 있는 분을 모시고 도를 묻고 배워서

　　진리의 지극히 넓고 큼에 이르고 정밀함을 다하며,

　　지극히 높고 밝은 도덕을 밝혀 중용의 도리를 실천하여야 하며,

　　옛것을 상고하여 새 것을 알아야 하며,

　　인품을 두텁게 하되 예절을 존중하여야 한다.

원문

故로 君子는 尊德性而道問學이니 致廣大而盡精微하며
極高明而道中庸하며 溫故而知新하며 敦厚以崇禮니라.

해설

모든 공부인〈군자〉은

성자가 어떻게

무심하신 천도로부터 천명을 부여받았는가를

깊이 헤아리고 생각하여

정성스럽게 도를 닦는데 공을 들여야 하는데,

먼저 스승을 찾아 존경심의 신성을 바쳐야 한다.

스승을 찾아 모시고 살면

자연스럽게 그를 좋아하고 닮아가게 된다.

진정으로 좋아하면 나에게 옮아오는 이치가 있다.

그리고 스승에게 묻고 배우기를 진지하게 하여야 한다.

묻고 배움으로써 스승의 지혜와 덕행을 내가 이해하고

이해하여야 빨리 닮아 갈 수 있다.

한 가지만 알면 옹졸하여진다.

두루 배워서 아는 것이 정확하고

모든 것을 총섭하여야 하고

대충 하는 것이 아니라 정밀하게 공부하여야만

신묘한 이치를 통하여 알게 되고

나아가서 천도의 높고 밝은 것에 계합하여

스승이 밝힌 최고의 덕인 중용을 알아서 실천하여야 한다.

역사를 살펴서 새로운 것을 개척하고

중후한 인격과 격식과 예절에 소루(疏漏)함이 없이 정성을 들여야만

성자로 발돋움할 수 있을 것이다.

4) 군자는 윗자리에 있으면서도 교만하지 않고,
　　아래 일을 할 때도 윗사람에게 거슬리지 않는다.
　　국가에 도가 있을 때 그의 말은 국가를 흥하게 하고
　　국가에 질서가 없을 때에 그는 말이 없으나
　　그 사회가 그것을 용납하게 한다.

　　시경에 노래하기를
　　「밝고 또 슬기로워
　　자기 자신을 잘 지킨다.」고 했는데
　　바로 이것을 두고 말한 것이다.

원문

是故로 居上不驕하며 爲下不倍라
國有道에 其言이 足以興이오 國無道에 其默이 足以容이니
詩曰旣明且哲하여 以保其身이라 하니 其此之謂與인저.

해설

중용의 도를 교법 삼아서 그를 실천하는 군자는
혹 윗자리에 있게 되면 교만하지 않아야 그 윗자리를 잃지 않고,
윗자리를 잃지 않아야
윗자리에서 해야 할 도리를 체득하게 되고,
아랫자리에서 일하게 되면

그곳에서 윗사람에게 거슬려서는 안 된다.
거슬리면 일할 기회가 오지 않고 진정이 통하지 못하여
결국 점점 아래로 떨어질 수 있는 것이다.

국가에 정의가 살아 있을 때는
군자는 중용을 표준하고 역사를 공부하고
현실을 파악하여 새롭게 역사를 개척하기 때문에
군자의 덕이 그 사회 국가를 발전하게 한다.

국가에 질서가 없이 어지러워질 때는
군자가 말을 하여 애를 써도 받아들여지지 않고
오히려 어려움만 더할 수 있으니,
때를 기다리며 말을 쉴 수 밖에 없는데
그때에도 사회에서 그럴 수 밖에 없는 그의 침묵을
이해하여주는 신뢰가 있는 것이다.
군자는 평소에 미리 광범위하게 준비하여 두기 때문에
어느 때를 당하여도 궁색함이 없다.
그것은 모두가 지혜롭고 덕성스럽기 때문이다.

제28장 그 사람이 아니면 그 일을 할 수 없다

1) 공자님이 말씀하셨다.

　　어리석으면서 나아가 쓰이기를 좋아하고

　　천박한 인물이 전횡하기를 좋아하며

　　지금 세상을 살면서 도리어 옛것을 고집하면

　　이런 사람은 재앙이 있나니라.

원문

子曰愚而好自用하며 賤而好自專이오

生乎今之世하여 反古之道면 如此者는 災及其身者也니라.

해설

사리분별이 정당치 못하고

아는 것이 부족한 사람이 자기의 어리석음을 모르고

사회 국가에 나아가 쓰이기를 좋아하는 사람이 있다.

어리석음이 아닐 수 없다.

또 품격이 낮고 비양심적인 인물이

남의 윗자리에 있으면서

자기 생각대로 자기 고집대로 일처리를 하는 것은

참으로 역사의 큰 죄인이 될 수밖에 없다.

오늘을 살면서 옛날의 구습을 버리지 못하고

그것만을 고집하면 시대의 변화에 늘 뒤떨어져서

외롭게 손해보고 살 수밖에 없다.

2) 천자가 아니면

　예절의 개폐를 논할 수 없으며

　법도를 제정할 수 없고

　언어를 통일할 수 없다.

　오늘날 세상은

　수레는 두 바퀴의 폭이 같고

　언어 문자가 다 같으며

　행동의 윤리도 모두 같다.

원문

非天子면 不議禮하며 不制度하며 不考文이니라.

今天下가 車同軌하며 書同文하며 行同倫이니라.

해설

천하국가를 지배하는 천자가 아니면

관혼상제의 의례 제도를 마음대로 고칠 수 없다.

고쳐 보아도 그것이 보급되지 않고 혼란만 오기 때문이다.

천자가 아니면 국가의 제도를 마음대로 고칠 수도 없고

고쳐 보아야 실효가 없다.

언어와 문자를 수정하고 고증하는 일도

천자가 해야 하는 일이다.

천자의 위에 오르지 못한 지방의 군주는

예절이나 국가의 제도나 문자나 수레의 크기,

바퀴의 넓이 등이나 도량형기를 마음대로 고쳐서는 안 된다.

왜냐하면 국가 전체를 관망하여 그런 것들이 제정되어야

혼란이 없기 때문이다.

공자님이 사시던 시대는

천자가 제사도, 정치도, 문화도 모든 것을 책임지는

제정일치 시대였기 때문에

더욱 천자의 생각이 중요하였으나

지금부터 미래 세상은

종교와 정치, 문화 등이 분화되는 세상이기 때문에

반드시 이와 같은 표준이 적용되는 것은 아니다.

앞으로는 지혜롭고 공익정신이 풍부한 사람이

대중에게 얼마나 옳은 혜택을 끼치느냐에 따라서

높은 영향력을 행사할 수 있는 시대가 오고 있다.

3) 비록 그 지위에 있으면서도

   도덕적인 인품을 지닌 성자가 아니면

   어찌 예와 악을 지을 수 있겠는가.

   그런 성자적 능력이 있다 하더라도

   천자와 같은 지위가 없다면

   감히 예와 악을 지을 수 없나니라.

원문

雖有其位나 苟無其德이면 不敢作禮樂焉이며

雖有其德이나 苟無其位면 亦不敢作禮樂焉이니라.

해설

국가의 제도나 수레바퀴의 통일, 언어문자의 상고하는 것과
도량형기를 통일되게 제정하는 것은 정치가의 할 일이다.
그러나 관혼상제나 예악의 제정은
성자적인 안목을 지닌 사람이라야 가능하다.
성자는 천리를 보아서 인간의 삶에 대응시켜서 의례를 제정하고
도덕의 기초를 세울 수 있기 때문이다.
그러나 성자도 역시 천자의 지위에 올라야만
그 위치에서 예악을 제정할 수 있는 것이다.
왜냐하면 당시에는 제정일치 시대이기에
천자에게 모든 임무가 지워져 있었기 때문이다.

이 장을 보면 공자의 마음이
그 당시 얼마나 안타까웠을까 생각하게 한다.
공자님은 성자적인 능력이 있으니 예악을 지어서 보급할 만한데
그에게는 천자의 직분이 없기 때문에
예악을 지어서 보급할 수 없었을 것이고,
천자의 직위를 지닌 사람은
예악을 지을 수 있는 능력이 없었으니
또한 예악을 지어서 백성에게 교화할 수 없었을 것이다.
아마도 이때부터 서서히 역사는 제정일치 시대에서

종교와 정치 등이 분화하지 않았을까 추측하게 한다.

4) 공자님이 말씀하시기를

　　내가 하(夏) 나라의 예를 말할만 하지만

　　하 나라의 후손이 살고 있는 기(杞) 나라에

　　증거할 자료가 부족함으로 밝힐 수가 없도다.

　　내가 은(殷) 나라의 예를 배우려 하나

　　은 나라의 후손이 살고 있는 송(宋) 나라에는 자료가 없구나.

　　나는 주 나라의 예를 배웠으니 지금 이것을 활용하나니

　　내가 주 나라의 예를 따르리라.

원문

子曰吾說夏禮나 杞不足徵也오

吾學殷禮하니 有宋이 存焉이어니와

吾學周禮하니 今用之라 吾從周하리라.

해설

공자님 때부터 제정일치 시대를 벗어나서

종교적인 임무와 천자의 임무가

다소 분할하기 시작하였던 것으로 보인다.

공자님께서는 그 당시 사회가

주나라가 멸망하고 춘추전국시대의 혼란이 와서

과거 주나라의 제도와 의례가 무너지고 있기 때문에

새로운 시대에 맞는 의례를 제정할 필요를 절실히 느꼈다.

그래서 요임금에 의하여 건국된

하나라의 예악 제도가 남아 있음직한

기나라를 살펴보아도 그 근거를 찾을 길이 없고,

순임금에 의하여 건국된 은나라의 예를 찾아보려고

송나라에 상고하여 보았으나 그 근거가 없었다.

오직 문왕, 무왕에 의하여 건국된 주나라의 예절을 찾아

그것을 참고하여 새로운 예전을

만들 수밖에 없음을 밝힌 것이다.

제29장 성인의 자격요건

1) 천하를 다스리는 사람은

　세 가지 것을 중요하게 여겨야 하나니

　그렇게 하면 허물이 적을 것이다.

　윗대의 문화는 비록 좋기는 하지만 고증할 수 없으니

　고증할 수 없으면 백성들이 믿지 않을 것이므로

　백성들이 따르지 않나니라.

　아랫대의 것은 비록 좋기는 하나 존중받지 못하니

　존중받지 못하면 믿지 않고

　믿지 않으면 백성이 따르지 아니하나니라.

원문

王天下有三重焉이니 其寡過矣乎인저.

上焉者는 雖善이나 無徵이니 無徵이라 不信이오

不信이라 民弗從이니라.

下焉者는 雖善이나 不尊이니 不尊이라 不信이오
不信이라 民弗從이니라.

해설

공자님이 춘추전국시대의 혼란 속에서도
새로운 시대를 대비할 윤리도덕을 염려하여
어떻게 원리강령을 제정해야 할 것인가를 궁구한 모습이다.
앞 장에서도 말했지만,
아주 오래된 하(夏)와 은(殷)의 것은
좋게 전해지기는 하지만 증명할 길이 없고
그 아랫대인 주나라 윤리도덕은 좋기는 하지만
주나라가 멸망한 뒷일이라
치자(治者)들과 민중이 주나라를 존중하지 않기 때문에
주나라의 윤리도덕을 내세우기는 어렵지 않겠느냐
하는 뜻으로 이해한다.

앞 장이 예절에 대한 것이라면
이 장(章)은 윤리도덕의 덕목을 어떻게 해야 할 것인가를
밝힌 것이다.
옛날 것은 근거가 없어서 쓸 수가 없고
가까운 것도 그냥 그대로 쓸 수가 없으니

결국 새로운 것을 만들 수밖에 없지 않겠느냐

하는 뜻으로 여겨진다.

그래서 공자는 주나라의 도덕이 생명력이 없으므로

새로운 가르침을 제창하였음을 천명한 듯한 구절이다.

2) 군자가 밝힌 도덕은

　　자기 자신을 근본으로 하여

　　만 백성에게 효과가 나타나도록 하여야 하나니라.

　　선대 세 왕에 준거하여 오류가 없게 하며

　　세상에 세워도 무너지지 않으며

　　귀신에게 물어도 의심이 없으며

　　먼 훗날 성인을 만난다 해도 의혹이 없게 하여야 하나니라.

　　귀신에게 물어도 의심된 바가 없다는 것은

　　진리〈천리〉를 아는 것이요,

　　먼 훗날 성인을 만나도 의혹된 바가 없다는 것은

　　사람을 아는 것이니라.

원문

故로 君子之道는 本諸身하여 徵諸庶民하며

考諸三王而不謬하며 建諸天地而不悖하며
質諸鬼神而無疑하며 百世以俟聖人而不惑이니라.
質諸鬼神而無疑는 知天也오
百世以俟聖人而不惑은 知人也니라.

해설

성인이 윤리도덕을 제정할 때는
자신에게 먼저 적용해 보아야 한다.
자기가 펴 놓은 좋은 원리를
자기 자신의 생활 속에서
충분히 증험하고 수정도 하여
완벽한 교법으로 완성되면
다음에는 따르는 제자나 일반 백성에게 실용화하도록 하여
그 효과가 있도록 하고,
선대의 삼왕, 하(夏)·은(殷)·주(周)에 대조하여도
그 원리에 있어서는 어긋남이 없도록 하고
넓은 세상에 알려도 결함이 없도록 하며,
천명, 천리에 대조하여도 틀림이 없고
후대에 오는 성인들의 평가에도
흡족하도록 하여야 한다는 것이다.
공자께서 내놓은 교법이나 가르침은

위에 말한 조건들을 감안하여 말씀하셨다는 뜻이다.
이처럼 심사숙고를 통하여 만들어진 공자의 교법이기 때문에
인류의 등불이 되고 목탁이 되었는가 싶다.

3) 그러므로 군자가 움직이면 세상에 도덕이 세워지고
　그가 행하면 사회에 법도가 되며
　말을 하면 세상의 원칙이 되고
　멀리 있은즉 뵙고 싶고
　가까이 계신 즉 싫지 않나니라.
　시경에 노래하기를
　「저기 있어도 미워하는 이가 없고
　여기 있어도 싫어하는 이가 없나니
　바라노니 새벽부터 밤까지 노력하여
　영원히 끝내 영예롭기를」이라 하였다.
　군자로서 이렇게 하지 않고
　일찍이 천하에 이름을 빛낸 사람은 없다.

원문

是故로 君子는 動而世爲天下道니
行而世爲天下法하며 言而世爲天下則이라

遠之則有望이오 近之則不厭이니라.

詩曰 在彼無惡하니 在此無射이라

庶幾夙夜하여 以永終譽라 하니

君子 未有不如此而蚤有譽於天下者也니라

해설

앞 절이나 여기서 말한 것은 공자 자신을 가르킨 듯하다.

새로운 성자가 나와서 새로운 교법을 제정하여

세상에 내놓으면 세상의 윤리도덕이 되고

행동은 법도가 된다.

그리고 그의 말씀은 세상의 준칙이 된다.

시비와 선악을 가리는 척도가 된다는 것이다.

중국이나 한국, 일본에서는 과거를 볼 때에

시제(試題)가 사서에서 출제되었고

사대부가 되려면 유교정신에 정통하지 못하면 발붙일 수 없었으며

시중의 사람들도

시비를 논할 때 공자의 말씀이 척도가 되었다.

주세성자의 위대함이 다시 느껴지는 구절이다.

주세성자의 말씀과 교법만 거룩한 것이 아니라

그 성스런 인격도

존경과 흠모하는 마음이 가득하여

멀리 계시면 뵙고 싶고

가까이 모시면 모실수록 인간적 매력이 넘쳐

그 감화력에 흡인이 되어서

다시 뵙고 싶어지는 그런 인격자라는 것이다.

제30장 공자는 요와 순의 법을 이었다

1) 공자님은 요와 순을 조종(祖宗)으로 이어받고
   가까이는 문왕, 무왕의 법을 빛내며
   위로는 하늘의 이치를 법 받으며
   아래로는 만사만물에게 배워 익혔다.

원문

仲尼는 祖述堯舜하시고 憲章文武하시며
上律天時하시고 下襲水土하시니라.

해설

옛 유교는 요, 순, 우와 문, 무, 주공이 주가 되어서
밝혔던 시대라고 한다면
공자의 새로운 시대가 열리므로
그에 알맞게 공자님이 주가 되어서 교법을 마련하는데,

그것은 과거 선대 요임금과

순임금이 밝히신 도리를 머리로 삼았고

가까이는 문왕과 무왕 그리고 주공 등이 밝힌 법을

더욱 빛나게 하였고

그 시대의 풍습과 만물의 변화하는 것을

깊게 살펴서 교법을 밝혔다

한때 생겼다가 스러지고 마는 일과성(一過性) 종교는

그 과거를 단절하고 내가 가장 최고라고 하는 등 홀로 주장하지만

긴 역사를 지닌 종교는

반드시 선대의 교법을 이어받는 점이 있었으니

예수님은 새로운 복음을 전파하였으나

유태교의 가르침을 근간으로 하여

그것을 구약으로 집약하였다.

석가모니불이 새로 불교의 교법을 폈으나

지금의 힌두교(바라문)와 밀접한 관계 속에서 교단이 형성되고

그 교법에 근거한 바 있으며,

공자 역시 독자적으로 제자를 모아 가르치셨으나

선대(先代)의 주역(周易), 서경(書經), 시경(詩經) 등을 근간으로 하여

새로운 유교운동을 벌인 것이다.

공자님의 교법이 선대를 근간으로 더욱 발전하였으며,
또한 그 교법은 하늘의 법도를 따랐으며,
자연과 민족의 풍속을 참고하여 짜여 있음을 말씀하신 것이다.

2) 공자님의 하는 일은
　　마치 천지가 지켜주고
　　실어주지 않음이 없는 것 같고
　　또는 덮어주고 감싸주지 않음이 없는 것 같고
　　마치 사시가 교대하여 만물을 길러 주는 것 같고
　　해와 달이 번갈아 밝혀주는 것 같나니라.

원문

辟如天地之無不持載하며 無不覆幬하며
辟如四時之錯行하며 如日月之代明이니라.

해설

공자님이 새로운 교법과 교단을 형성하여 백성을 구원하는 일은
만물을 덮어주고 만물을 실어주는
천지를 대행하여 하는 일로 비교할 수 있다.
천도가 있으나 사회 국가의 혼란은 막을 수 없고

민중의 지은 바에 의하여 죄복을 내릴 수는 있으나

그 생령들이 죄를 짓지 못하도록 하고

복을 더욱 짓도록 가르치고,

전쟁과 혼란을 막을 수는 없지만

성자가 나와서 천도가 못하는 인류를 구원하고

병든 사회를 고쳐나갈 일을 하기 때문에

성자는 천지와 같은 일을 하신다고 비유하였다.

해 지면 달이 떠서 밝혀주시고

달이 지면 해가 솟아나서 밝혀주듯이

성자들의 일은 요임금이 도덕을 밝혀주고

그것이 희미하니 순임금이 나와서 밝히고

또 순이 도덕이 희미하니 문왕이 나서 그 일을 하다가

시대가 오래 가서 옛 도덕은 폐단이 생기므로

자연히 옛 도덕이 희미하여질 때

공자가 나와서 또 다시 희미한 도덕을 다시 일으키는 것이

마치 해와 달이 번갈아 밝혀주듯이

성자들이 도덕의 등불을 번갈아 나와서 밝혀준다는 것이다.

3) 그분들이 하는 일은

　　마치 만물이 아울러 나와 자라지만

　　서로 방해롭지 않고 어울려 사는 것처럼

　　서로 도덕을 번갈아 펴지만 폐단되지 않는 것과 같나니라.

　　작은 인물들은 작은 하천의 물과 같고

　　큰 인물들은 백성을 고르게 돈독히 교화하는 것과 같나니

　　이는 하늘과 땅이 큰 것과 같다고 하리라.

원문

萬物이 竝育而不相害하며 道竝行而不相悖라

小德은 川流이오 大德은 敦化니 此天地之所以爲大也니라.

해설

역대 성자들이 번갈아 나와서

도덕의 등불을 밝혀 생령을 구원하는 일이

앞의 도덕과 뒷날의 도덕이 서로서로 모순되지 않고

서로를 북돋우는 것과 같다는 것이다.

정치는 옛것을 저버리고 새것을 드러내지만

성자는 서로서로 도와서 함께 하는 것이기 때문에

성자가 내놓은 도덕은

천하의 달도(達道)요 달덕(達德)이 되는 것이다.

대개 마음 씀씀이가 좁은 인물이나 현자(賢者)들은

시시비비의 소리가 나고

과거를 등지거나 미래를 단절하는 경우가 있어서

문제가 풀리기는 하되 그것으로 인하여

뒷날이나 다른 곳은

오히려 어려움이 생기는 모순에 빠지지만,

대성인들은 대해장강과도 같아서

생령을 다 버리지 않고

고르게 교화하고

영원히 교화하는 것이니

이것은 대성자들만이 능한 일이다.

제31장 성자의 크신 공덕

1) 오직 세상에 지극한 성인이라야

　총명과 예지를 갖추어서

　어떤 일을 맡아도 능력이 족하시고

　너그럽고 따뜻하며 부드러워서

　모든 것을 다 포용하시고

　강하고 굳건하여

　일을 잡으면 족히 이루시고

　가지런하고 장중하되

　중도에 맞아서 공경을 족히 받으며

　조리 있고 자세히 살펴서

　잘 판단하시나니라.

원문

唯天下至聖이아 爲能聰明睿知로 足以有臨也니

寬裕溫柔로 足以有容也며 發强剛毅로 足以有執也며

齊莊中正이 足以有敬也며 文理密察로 足以有別也니라.

해설

가장 차원이 높은 성자의 지극한 조화력에 대하여

구체적으로 설명하였다.

지혜로는 지극히 밝아서

천도나 인간 세상의 일이나 개개인의 일들도

다 아시는 대총명이 있고,

너그럽고 부드러워서

일체생령을 수용할 수 있는 대포용력가

어떤 일을 당하여도

그것을 장악하여 이루는 군건한 의지력이 계시며

모든 생령을 만나서 깊은 감화력으로 공경을 받으며

생령 개개인의 사정을 세세곡절 알아서

구원해주는 능력과 조화가 계신다는 것이다.

2) 두루 넓고 한없이 깊으시되

　　때에 맞게 드러내시니라.

　　두루 넓음은 하늘 같으시고

　　한량없이 깊으시니 근원있는 큰 못과도 같다.

　　그 모습 드러내시면

　　백성이 공경치 않음이 없고

　　말씀하시면 백성들이 믿지 않을 수 없으며

　　교화를 행하시면

　　백성들이 환희치 않은 사람이 없나니라.

　　그러므로 그의 명성이 중국에 넘쳐흘러서

　　다른 나라까지 미치나니라.

　　배나 수레가 다니는 곳, 사람의 힘이 미치는 곳,

　　하늘이 덮어주는 곳, 땅이 싣고 있는 곳,

　　해와 달이 비치는 곳, 서리와 이슬이 내리는 곳,

　　그 어디든지 생명이 있는 곳이라면

　　받들어 공경하지 않음이 없다.

　　그러므로 하늘과 짝하였다고 말한다.

　　오직 천하의 정성이라야 가능하리라.

원문

溥博淵泉하야 而時出也니라.

溥博은 如天하고 淵泉은 如淵이라

見而民莫不敬하며 言而民莫不信하며 行而民莫不說이니라.

是以로 聲名이 洋溢乎中國하여 施及蠻貊하여

舟車所至와 人力所通과 天之所覆와

地之所載와 日月所照와 霜露所隊에

凡有血氣者 莫不尊親하니 故로 曰配天이니라.

해설

대성자의 풍모를 살펴보면

한량이 없는 넓이와 또 한량이 없는 깊이가 있으시되

그 능력과 조화를 내어서 사용할 때는

그 때 그 곳에 맞게 사용하신다는 것이다.

대체적으로 크신 성자는 아는 지량이 한량이 없고

그 덕스러움이 갓이 없고

그 웅숭 깊음이 헤아릴 수가 없고

그 강강함과 부드러움이 겸하여 적절하게 조화된 품격이다.

생령을 상대할 때 깊은 감화력이 있어서

마음으로부터 깊은 복종을 받고

모든 사람에게 공경의 대상이 되는 것이다.

이런 성스러운 인격이 어떻게 완성될 수 있을까?

그것은 오직 도에 뜻을 두고 천도를 나에게 완성하려는

간절한 서원, 한량없는 정성이 있기 때문이다.

성인은 세상을 건지려는 경륜으로 큰 뜻을 삼으시며

세상을 구원하시려는 도덕 세우는 것으로 근본을 삼으시며

세상을 구원하는 방법에 통달하셨으니

다른 누구를 의지하겠는가.

그의 자비 지극하시고 심오함은 큰 못과도 같고

넓고 넓음은 하늘 같나니

진실로 총명하고 성인의 지혜를 갖추어

하늘의 덕에 통달한 사람이 바로 성인이시다.

제32장 성인의 큰 덕스러움

1) 천하에 지극히 정성스런 분이라야

　　세상을 구원하는 큰 경륜을 갖추며

　　세상을 건지는 도덕을 근본 삼으며

　　세상을 교화하는 법을 달통하셨나니

　　대범 다른 누구에게 의지하겠는가.

　　그의 사랑은 지극하시고 심오함은 큰 못과 같고

　　넓고 넓음은 하늘 같나니라.

　　진실로 총명하고 성인의 지혜를 갖추어

　　하늘의 덕에 통달한 인물이 아니면

　　그 누가 성인의 그러함을 알아 볼 것인가.

원문

唯天下至誠이라야 爲能經綸天下之大經하며 立天下之大本하며 知天地之化育이니 夫焉有所倚리오.

肫肫其仁이며 淵淵其淵이며 浩浩其天이니라.

苟不固聰明聖知達天德者면 其孰能知之리오.

해설

천하의 지극한 정성으로 성인되신 분이라야

세상을 어떻게 구원할 것인가 하는 대경륜을 갖출 수 있다.

정치가가 나라를 경륜함은 현실적이며 단촉하다.

그러나 성자의 세상을 구원할 경륜은 근본적이며

또한 먼 안목을 가지고 도덕적인 경륜을 세운다.

세상을 구원하는 것이

경제나 정치에만 의존할 수 없고

오직 성자의 법력에 의지할 수 밖에 없으며

성자의 내 놓으신 교법에 의지할 수 밖에 없고

성자의 가르침이 풍족한 제자와 교단에

의지할 수 밖에 없음을 말하였다.

세상 다스림의 근본이라고 할 수 있는 천명을 세워서

인간의 삶이 천리에 입각하여야 함을 밝히며,

세상을 구체적으로 어떻게 지도하고

교화하여야 할 것인가에 대하여

잘 아는 분이 오직 성자라는 것이다.

이러한 능력과 도덕을 지닌 성인이 아니고
누구에게 세상을 의탁할 것인가.
이런 인물이 나면 하늘은 무심한 가운데 그분에게 힘을 주고
세상은 그런 분에게 귀의하게 된다.

성자가 생령을 구원하려는 자비는 매우 간절하고
그 마음바탕은 깊고 넓어서 큰 못과 같고
하늘과 같이 심량이 광대하나니,
그는 총명한 큰 지혜의 소유자로서
천리와 세상일에 통달하였으며
천지와 같은 덕화가 가득하니
그런 분이 바로 대성자이다.
이런 분은 천도에 합일한 것이다.

제33장 성인의 덕스러움은 하늘과 합한다

1) 시경에 노래하였다

　「비단옷 위에 허름한 옷을 입었도다」하니

　이는 그 아름다운 무늬가 드러나는 것을 꺼려함이다.

　군자의 지혜는 처음은 어두우나 날이 갈수록 빛나고

　소인의 지혜는 적실한 듯 하나 날이 갈수록 발전되지 않는다.

　군자의 행동은 담담하되 싫지 않으며

　간결하되 문채(文彩)가 빛나며

　온화하되 조리가 정연하다.

　먼 것이 가까운데서 시작함을 알며

　바람처럼 자기 자신의 덕이 번져감을 알고

　미약하지만 노력하면 크게 드러나는 이치를 분명히 안다면

　가히 군자의 대덕에 들었다고 할 것이다.

원문

詩曰 衣錦尙絅이라 하니 惡其文之著也라

故로 君子之道는 闇然而日章하고

小人之道는 的然而日亡하나니라.

君子之道는 淡而不厭하며 簡而文하며 溫而理니

知遠之近하며 知風之自하며 知微之顯이면 可與入德矣리라.

해설

천도에 뜻을 두고 공부하는 사람들은

자기 자신의 보배로움을 겸손과 부족함으로 잘 감추고

자기의 재능이 헛되게 드러남을 싫어한다.

재물을 참으로 많이 가지고 그것을 오래 보존하려하는 사람이

자기 보물을 남의 눈에 띄지 않게 감추는 것과 같다.

세상에는 드러나면 반드시 소모되고

흩어지는 이치가 있기 때문이다.

군자는 속 깊은 곳에 총명과 예지, 무한한 조화를 감추고 있어서

세월이 가면 점점 드러나서 끝이 좋다.

소인들은 처음은 화려하지만 끝이 좋지 못하여

더 나아갈 수가 없고 실력은 다 내어놓으니 여유가 없어서

점점 중인(衆人)으로부터 빛바랜 사람이 된다.

군자는 순박함, 순수함, 꾸밈이 없는 마음을 사랑한다.

그래서 오래 대할수록 더욱 좋아지고

소인은 화려하나 오래가면 시들어서 싫어진다.

또한 군자는 말과 글이 간결하지만 음미하면 깊고 빛나게 된다.

온화하여 덕화로 사람을 대하지만

그 속에는 반드시 이치와 줄거리가 숨어 있는 것이다.

군자는 가장 가까운 곳부터 충실하게 하여서

그것이 먼 곳까지 영향을 끼치게 하며,

자기 자신이 덕화를 잘 갖춰 놓으면

그 덕화가 멀리 풍겨가는 이치를 안다.

지극히 미미하지만 정성을 들이면

그것이 성장하여 크게 드러날 수밖에 없는

천도의 이치와 만물의 변화하는 순서와

만물의 상호작용하는 이치를 알고

그것을 실행할 줄 안다면

소위 군자로서 지녀야 할 인격의 틀이 잡힌 것이다.

2) 시경에 노래하였다.

「잠겨서 엎드려 있으나 또한 크게 빛나도다」하니

군자는 늘 자신을 반성하여 허물을 없게 하므로

그의 뜻은 언제나 부끄러움이 없으니

사람들이 군자의 인격에 미치지 못함은

오직 사람들이 보이지 않는 곳에 있다.

시경에 노래하였다.

「그대가 방에 있을 때는

방구석에까지도 부끄럽지 않도다」하니

그러므로 군자는 활동하지 않아도 공경을 받고

말하지 않아도 그를 믿나니라.

원문

詩云 潛雖伏矣나 亦孔之昭라 하니

故로 君子는 內省不疚하여 無惡於志니

君子之所不可及者는 其唯人之所不見乎인저.

詩云 相在爾室한대 尙不愧于屋漏라 하니

故로 君子는 不動而敬하며 不言而信하나니라.

해설

사람들이 대저 공부인의 삶은 언제나

홀로 있을 때는 오욕과 칠정을 없애는 데 주력하여

성심을 다하여 천도를 키우는 거경(居敬)생활을 하고

또한 미래를 위하여 준비하는 생활을 하고,

사람을 만나면 나를 미뤄서

그 사람을 교화하는 노력을 하기 때문에

남이 없는 어두운 곳에 홀로 있어도

언제나 한 점 부끄러움이 없는 마음상태가 되어

오히려 홀로 있어도 떳떳하여 자랑스럽다.

그러므로 그 도력이 쌓이고 쌓여 결국 세상에 드러나서

군자는 크게 활동하지 않아도 사람의 존경을 받게 된다.

3) 시경에 노래하기를

「신명(神明)에 나아가 말이 없어도

그 때에 다툼이 멈추도다」하니

군자는 따로 상을 주지 않아도

백성들을 권면하여

노기를 띄지 않아도

백성들에게 도끼보다도

더욱 위력이 있도다.

시경에 노래하기를

「큰 덕은 드러내지 않아도

뭇 제후들이 자연히 본받는도다」하니

이런 고로 군자는 홀로 천도를 공경하는 공부를 하지만

오히려 세상을 평화롭게 다스리게 되나니라.

원문

詩曰 奏假無言하여 時靡有爭이라 하니

是故로 君子는 不賞而民勸하며 不怒而民威於鈇鉞이니라.

詩曰 不顯惟德을 百辟其刑之라.

是故로 君子는 篤恭而天下平이니라.

해설

군자는 어느 곳에 있든지

천명을 가슴에 지니는 거경(居敬)생활을 하며

천명이 늘 함께 함을 느끼고 있으며

천명의 위력을 활용할 줄을 안다.

또한 무사(無私)와 무사(無邪)생활을 하기 때문에

도력이 내면에 응축되고,

또한 천리를 궁리하여

지혜와 세상을 염려하는 덕행을 닦기 때문에

특별히 따로 말하거나 부탁하지 않아도

그가 있는 곳은 언제나 조용하고

그의 마음을 거스르지 않으려는 분위기가 조성되어서

시비 분쟁이 줄어들고

잘못에 대하여 노여움을 보이지 않아도 민중은 두려워함이 있다.

이러한 공덕이 드러나는 것은 모두

군자가 정성스럽게 닦는 공덕 덕분이다.

4) 시경에 노래하였다.

　「나는 밝은 덕을 사모할 뿐이라

　　모양내고 선전하지 않는다」하니

　공자님이 말씀하시되

　백성을 교화하는데 모양내고 선전하는 것은

　교화의 제일 말단적인 방법이다고 하셨고

　시경에 노래하기를

「덕화는 터럭처럼 부드럽다」하니

터럭은 오히려 비교할 수 있으나

저 위에 계시는 진리는 소리도 냄새도 없이

만물을 화육하나니 참으로 지극하신 덕화로다.

원문

詩云 予懷明德의 不大聲以色이라 하여늘

子曰聲色之於以化民에 末也라 하시니라.

詩云 德輶如毛라 하니 毛猶有倫이어니와

上天之載 無聲無臭아 至矣니라.

해설

공부가 궁극에 이르러서 대덕을 갖추게 되면

그가 지니고 있는 도력에 의하여

풍기는 온화함과 총명하게 밝은 지혜가 잘 어울러서

그 적절한 태도가 상대에게 미쳐서

말이 없어도 절로 교화가 된다.

마음과 마음이 서로 통하고 기운과 기운이 서로 연하여

백성들의 서러움을 달래고 용기와 희망을 주고,

믿음의 대상이 되어서

따로 내가 구원자라고 선전하고

허례허식을 앞세우지 않아도 된다.

외적인 의식절차와 선전을 앞세워서 하는 교화는
교화의 본질에서 먼 방편이며 말단적인 일이다.
명화나 좋은 노래는 굳이 선전하지 않아도 찾아오며
명의에게는 입소문으로 찾아오기 마련이기 때문에
실력이 근본이요, 선전함은 끝이라고 할 수 있다.

성자들의 자비와 조화는
물이 스며들어서 배이는 듯이 한다.
그리고 봄기운이 산하대지에 비치면
그 기운 따라서 만물이 소생한다.
어느 곳으로부터 어느 때에
성자의 덕화가 나에게 미쳐 왔는지 모르지만
신성이 굳고 인연이 있는 사람
또는 만나는 모든 사람에게
은연중에 희망을 주고, 교훈을 주고,
위로를 주고, 각성을 주고, 믿음을 주어서
성자에게 민중이 이끌리는 바가 된다.

그 덕화의 미침이 매우 자연스럽게 다가와

가슴에 어리는 것이니 부드럽게 하여 인위가 없는 것이다.

무술의 고수는 움직이지 않고 이기고

설사 싸우더라도 어떤 동작에서

상대가 공격받았는지도 모른다고 한다.

마찬가지로 성자의 자비도 부드럽고 흔적이 없이

생령들의 가슴에 스며든다.

천리가 모양도 색깔도 소리도 없이 있어서

만물에게 오는 줄 모르게 화육, 변화시키는 것처럼

성자도 생령을 교화하는 것이

하는 줄 모르게

무위이화로 교화하는 것이다.